Cómo salir de la monotonía

CÓMO SALIR DE LA MONOTONÍA

Dibujos:
Jesús García Yuste

Poemas:
Cristóbal Fernández García

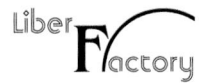

© Obra: CÓMO SALIR DE LA MONOTONÍA

Primera edición: Marzo, 2024

© Dibujos: *Jesús García Yuste*

© Textos: *Cristóbal Fernández García*

ISBN: 978-84-10040-40-3
Depósito Legal: M-7748-2024

© Editado por LIBER FACTORY www.liberfactory.com

Gestión, promoción y distribución: Grupo Editor Vision Net S.L.
C./ San Ildefonso 17, local, 28012 Madrid. España.
Tlf: 0034 91 3117696 // Email: pedidos@visionnet.es
www.visionnet-libros.com

Disponible en librerías físicas y online.

Las opiniones expresadas en este trabajo son exclusivas del autor. No reflejan necesariamente las opiniones del editor, que queda eximido de cualquier responsabilidad derivada de las mismas.

PRÓLOGO

La amistad hizo el resto…

Miro a mi alrededor y me doy cuenta de lo realmente importante en la vida. Disfruto. El aire, sin molestar, ahí está, muy flojito. Justo para aportar frescor y paz a este día que más que de febrero parece de mayo. Mi padre, cerca. Leyendo su revista como cada día, a esta misma hora. El canto de los pájaros, como si estuvieran en primavera, se mezcla con el sonido inconfundible del afilador. El sol me empieza a quemar, pero en la silla preferida de mi casa me hago fuerte. Mis gatos saludan frotándose con mis piernas. No hay un rincón de mi casa que no me regale paz.

De repente, suena el teléfono. El sonido irritante de un móvil que no sabría definir muy bien, pero que todo aquel que conoce a mi padre sabe perfectamente al que me refiero.

—"Hola, qué alegría, tito. Estaba preocupado, como es jueves y no me llamabas…". Las risas y las voces se mezclan con esa calma que tan poco tiempo ha durado en casa. Eso también es vida, y de la importante.

Así llevan años. Dos amigos que se conocen desde la infancia y a su vez conocen a un tercero. Sevilla-Madrid, Madrid-Sevilla. El orden da igual y no quiero abrir ese melón. Mi padre solo les presentó y la amistad hizo el resto.

La vida une. Pero tienes que dejarte sorprender para que tenga sentido. Avanzar y seguir el camino sin soltarse de la mano; sin temer ni a la distancia ni al tiempo… Los dos autores de este libro tienen muchas cosas en común, además de mi padre. El arte, la sensibilidad y las ganas de hacer que ambas perduren en el tiempo. Por eso este libro, mezcla de talento y sentimiento que, sin amistad, ni ganas de salir de la monotonía, no habría sido posible.

Desde el mismo sitio en el que escribo estas líneas, uno de sus autores da rienda suelta a su imaginación y con sus dibujos quiso abrirse, expresarse y contar. El otro, banda sonora de reunión tras reunión, pone voz a sus poemas guitarra en mano, o no. Mi padre, con ellos… Emoción y sonrisas a partes iguales.

Este libro es eso, amistad, valentía e ilusión. El resultado y la unión entre tres familias que han crecido y evolucionado juntas.

Pues eso, el origen y la amistad hicieron el resto. Porque si hay algo que encontrarán en este libro es amistad verdadera. La que, sin ella, ni este libro ni yo estaríamos aquí.

Juliana López

…y así empezó todo

Un día cualquiera, en el que como otros enviaba los clásicos "buenos días" por Whatsapp, o reenviaba los de amigos o conocidos, pensé… ¿y por qué no hago yo mi propio saludo mañanero de Whatsapp con dibujos? y a continuación también se me ocurrió que sería aún mejor, a la vez que ameno, si lo acompañara de un texto ad-hoc, e inmediatamente pensé que quién mejor para hacer dicho texto que mi amigo Cristóbal, quien para mí ya se ha convertido en mi Poeta De Cabecera.

El resultado ha sido que por un lado he cogido aún más cariño del que ya tenía por el dibujo, y además que al mezclar las poesías de Cristóbal con los dibujos estos cobran más vida y mueven más sentimientos que con la simple observación de estos.

Animo a todo el que vea estos dibujos con sus poemas a que intenten hacer los suyos propios y salgan de la rutina actual, pues vale más un "buenos días" con más o menos arte que los de copia y pega que se hacen habitualmente.

Los dedico a todos mis compañeros, amigos y familia, y continuaré con esta afición, aparte de la talla en madera que también me entusiasma.

Empiezo por el dibujo con poema dedicado a Morisco, el fiel compañero de nuestro común amigo Julián López.

Jesús García Yuste

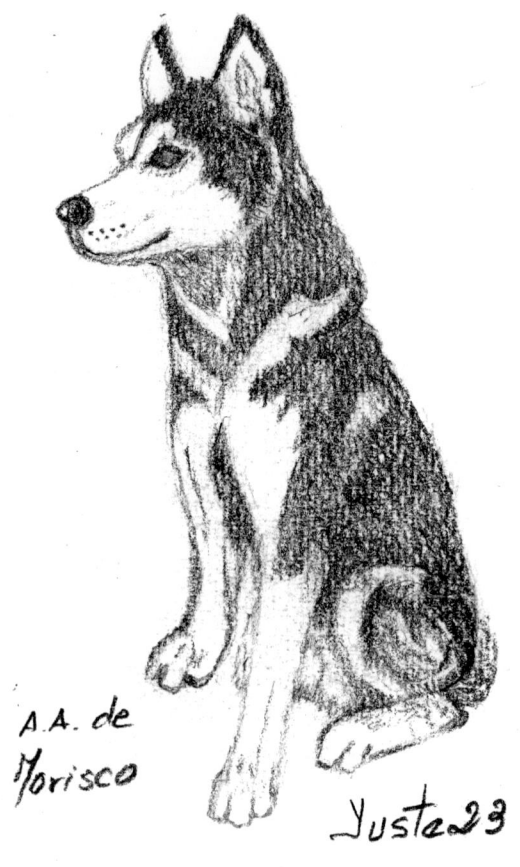

A.A. de
Morisco

Juste23

Quiero que sepas Julián,
que, aunque yo ya me haya ido,
siempre tú estarás conmigo,
que fuiste mi mejor amigo,
y yo tu mejor guardián.
Orgulloso de mi nombre
lo llevaba siempre a gala,
en el Morisco nací,
y ese nombre me gustaba.
Siempre me disteis cariño
caricias y simpatía
desde que era pequeñito,
y sólo escuchar vuestros gritos
me llenaba de alegría.
Cuando salías a andar,
yo siempre te acompañaba
sintiéndome muy feliz,
cuando te miraba a ti,
y tú también me mirabas.
Si tú estabas alegre,
yo me alegraba,
y siempre que te ibas,
yo te esperaba,
pues tú compañía
siempre añoraba.

Gracias Julito por haberme cuidado tan bien.
Morisco.

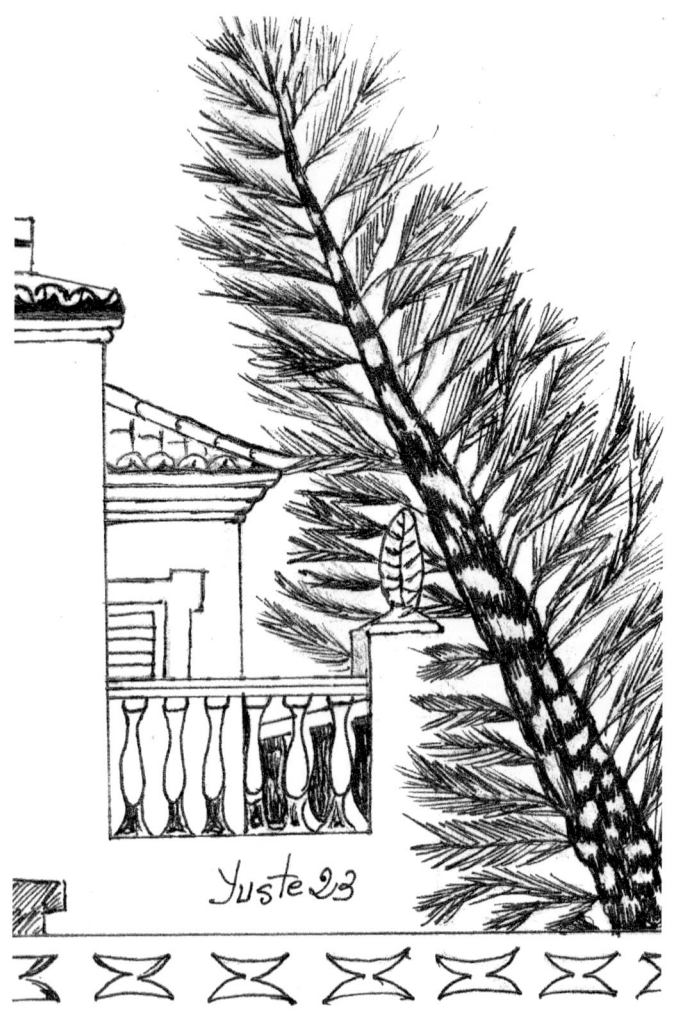

Fuiste árbol poderoso,
desafiante, fuerte, y orgulloso,
sin temer al temporal
y siempre mirando al cielo,
te sentías inmortal,
pero era iluso pensar
que llegarías a abuelo.

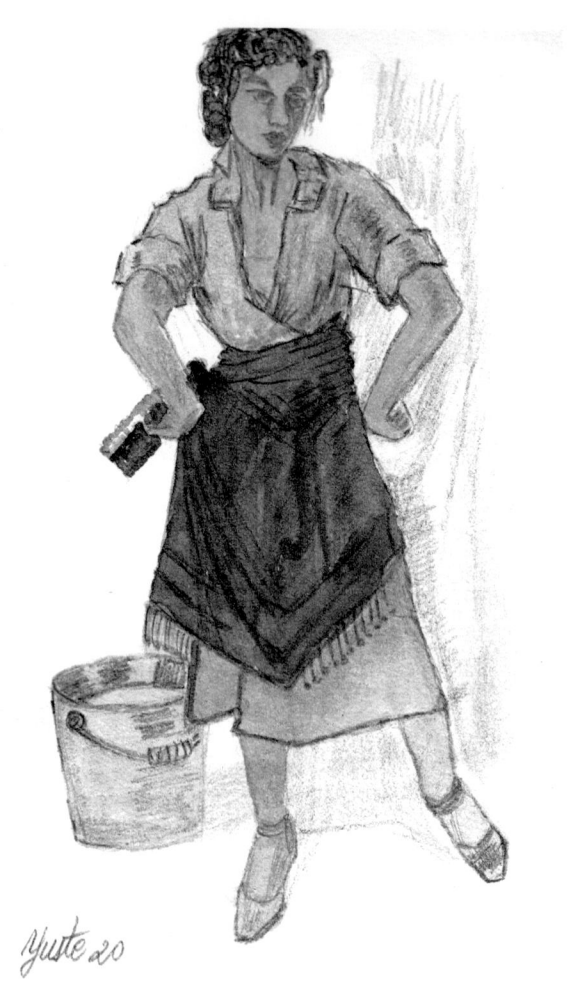

A la pálida luz de la mañana
con trapo y balde en la mano
haciendo todo un ritual
ordenando nuestro hogar
hasta el próximo verano.
Entre suspiros de hojas doradas
la casa reposa al final del estío
las historias y dichas quedan guardadas
mientras el sol va perdiendo su brío.
El reloj cansino va marcando el adiós
la brisa está llena de melancolía
los días alegres que ese tiempo nos dio
serán recuerdos en el día a día.
La casa queda vacía y sola
ya no hay gente ni risas
ni en los campos amapolas.
El otoño ha llegado sin prisa.

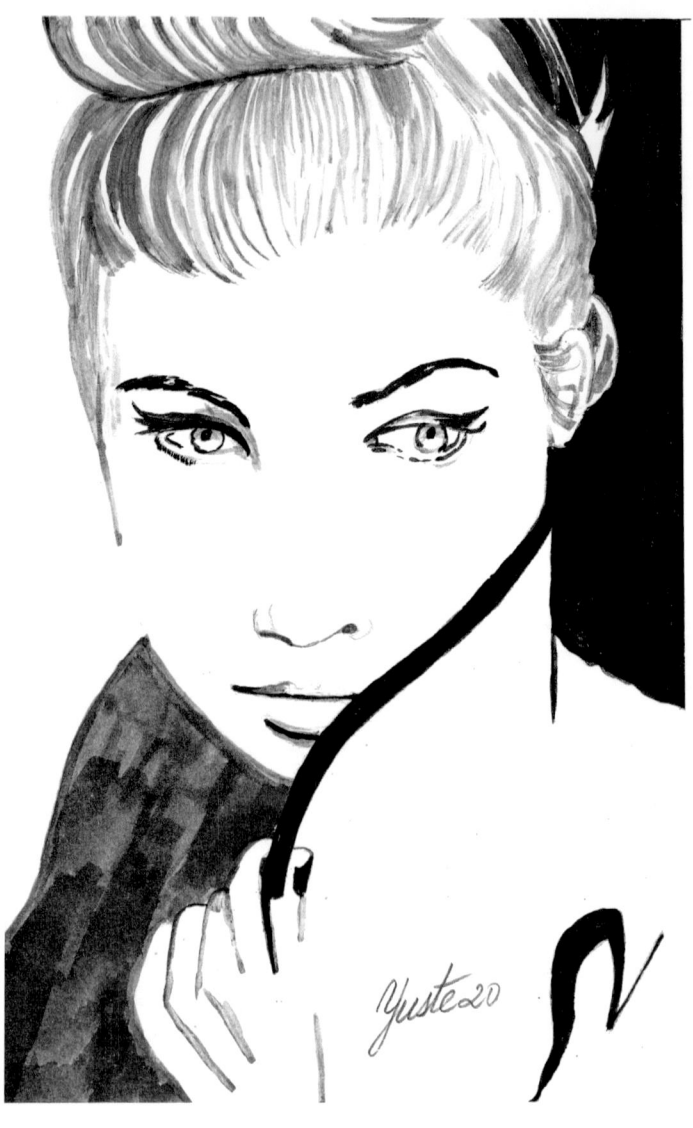

Adiós verano, adiós,
y ahora el invierno llenará la casa,
el sol dormido no asomará en las plazas,
no habrá arriates cubiertos de flores,
no habrá rosaleda llena de colores.
El frío cortante de la mañana
entra con sigilo por la ventana,
amor si no tienes con qué abrigarte,
te daré mi calor al abrazarte.

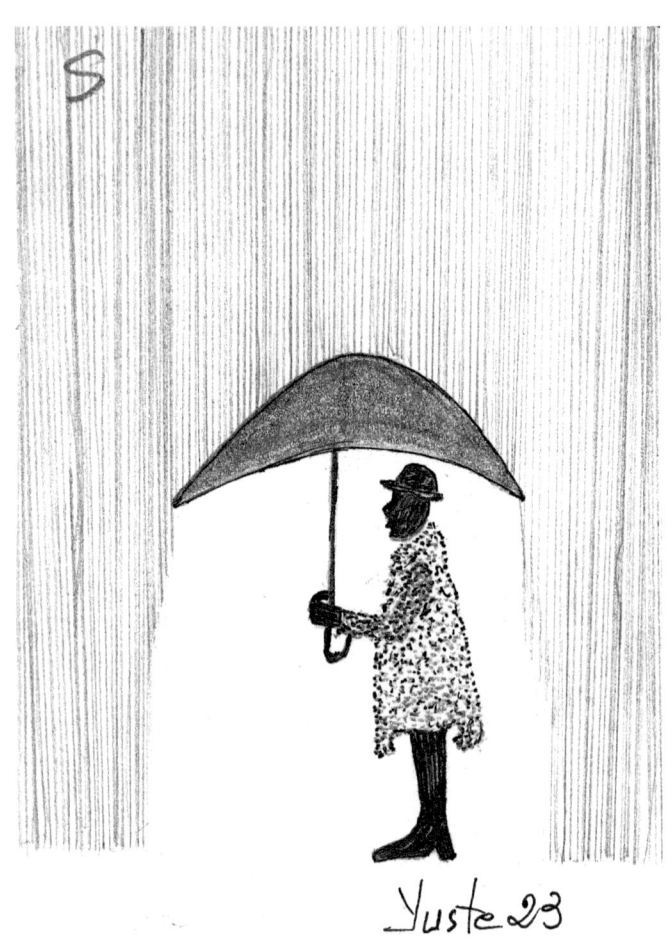

Yuste 23

No quiero paraguas,
no quiero tejados.
¡Quiero vivir libre!
aunque esté mojado.

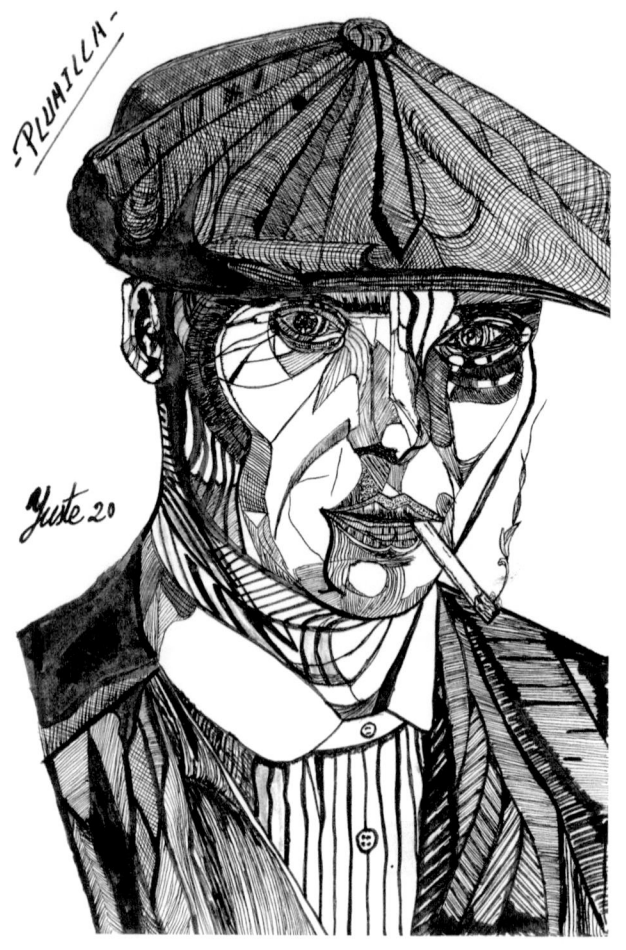

Perfil de hombre elegante
con experiencia adquirida,
con mirada penetrante,
con actitud arrogante,
El perfecto "buscavidas".

-PLUMILLA-

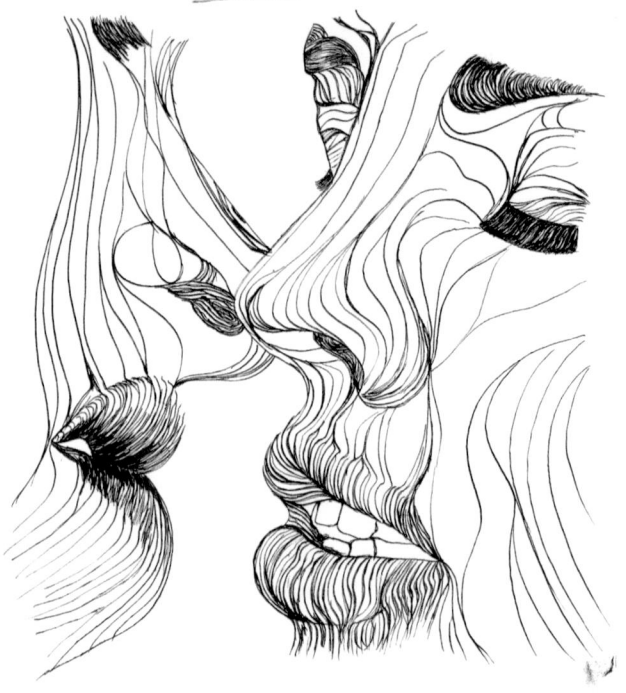

Yuste 20

Hay besos que dejan huella,
otros que son traicioneros,
unos besos que son falsos
y otros que son sinceros.
Besos ardientes de pasión,
besos que dan escalofríos,
besos que se dan con el corazón,
¡¡Esos son los besos míos!!

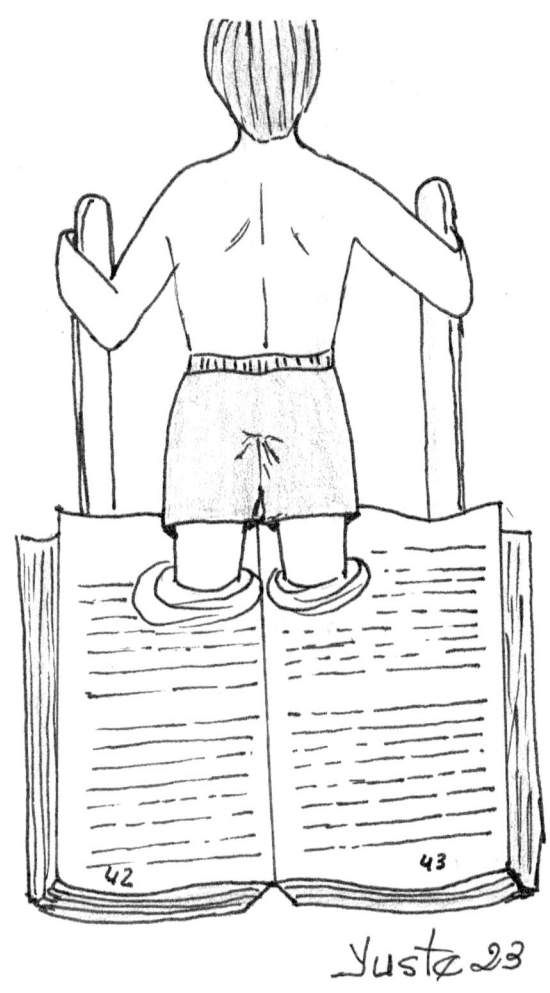

Me sumerjo en la lectura
y vivo una doble vida,
cada vez una aventura
de fantasías y locuras,
y de experiencias vividas.

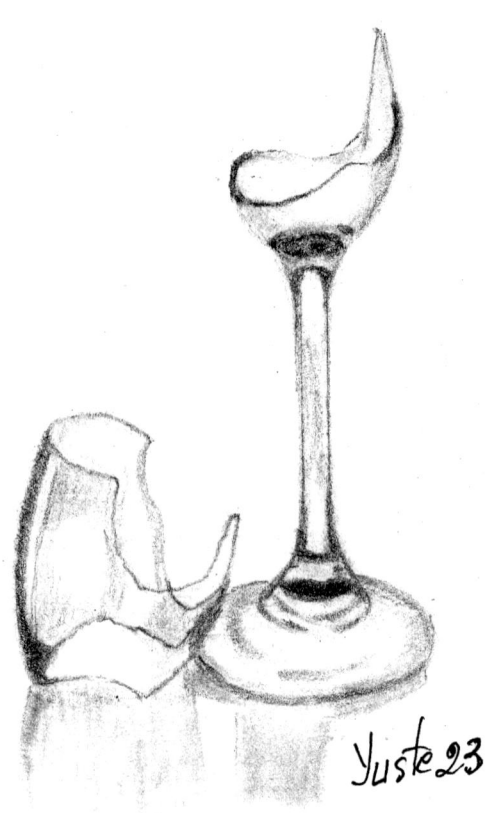

Pudimos empezar los dos de nuevo,
dos enamorados siempre fuimos,
no llegué a saber qué nos pasó,
llego a la conclusión...
¡¡Que no quisimos!!

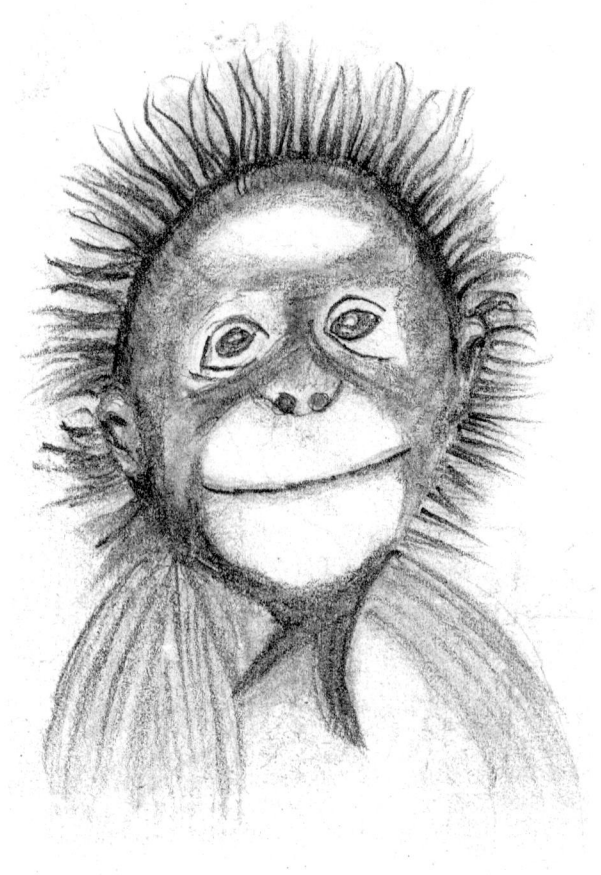

Yuste 23

Una sonrisa de niño
veo en tu cara de bebé,
son cuestiones de creencia,
pues según dice la ciencia,
hay un eslabón perdido.

. No se cual es la ‎razón
.. No se que extraña sensación
siento
. Es como un per-fume
que flota en el viento
. Es como una flecha
clavada
en mi
corazón
. Esa flecha que quien
la siente presume
. Esa flecha llamada amor.

texto:
Cristobal Fernandez
de Sevilla
Dibujo: Yuste23

32

No sé cuál es la razón,
no sé qué extraña sensación siento.
Es como un perfume
que flota en el viento.
Es como una flecha
clavada en mi corazón.
Esa flecha que quien
la siente presume.
Esa flecha llamada el amor.

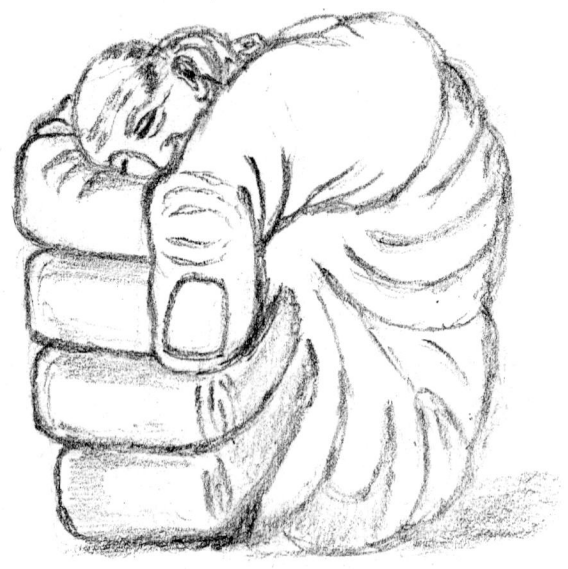

Yuste 23

Manos que acarician.
Manos que torturan.
Manos que hacen la guerra.
Manos que curan.
Manos, manos, manos ….
¿Quién tira la primera piedra?

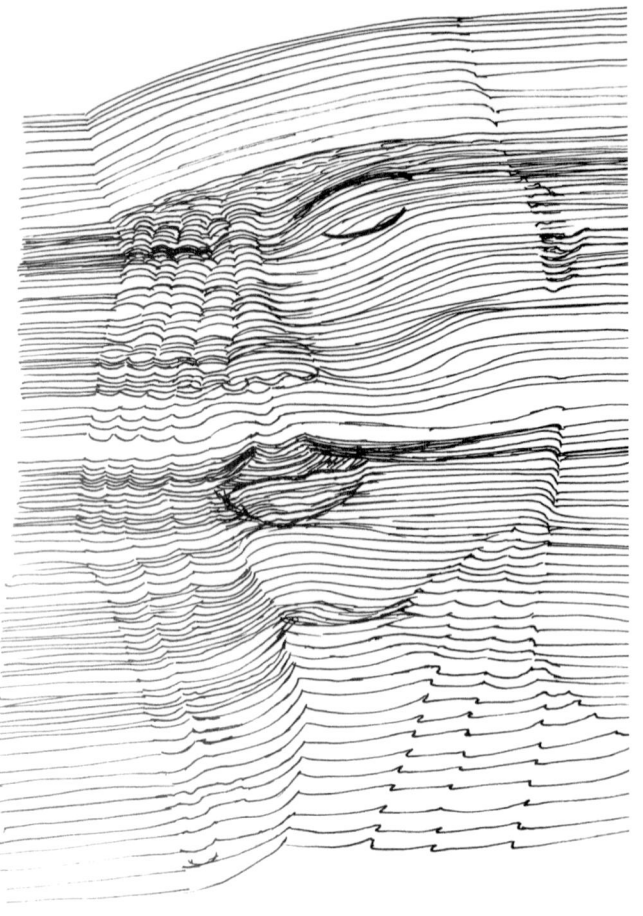

No te avergüences mujer
y enseña tu lindo rostro,
la belleza no es pecado,
ya me siento enamorado
aún sin poderte ver.

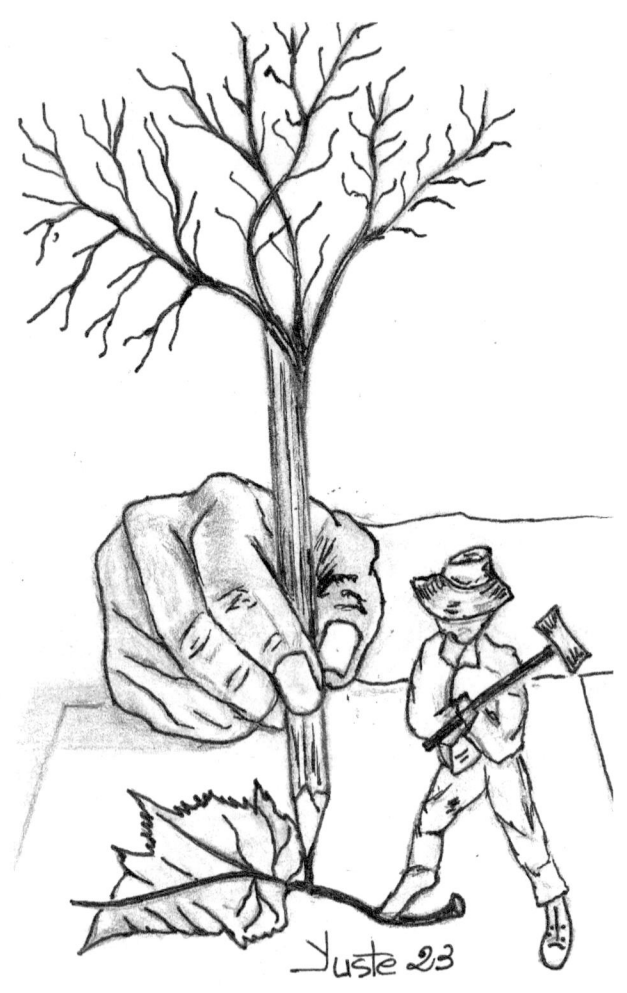

No me cortes leñador
que quiero seguir con vida,
siendo refugio y hogar
de los pájaros que anidan,
inspirando a los poetas
de letras, versos, y rimas.

PARA ESA COMIDA DE AMIGOS
EL VINO LO PONGO YO

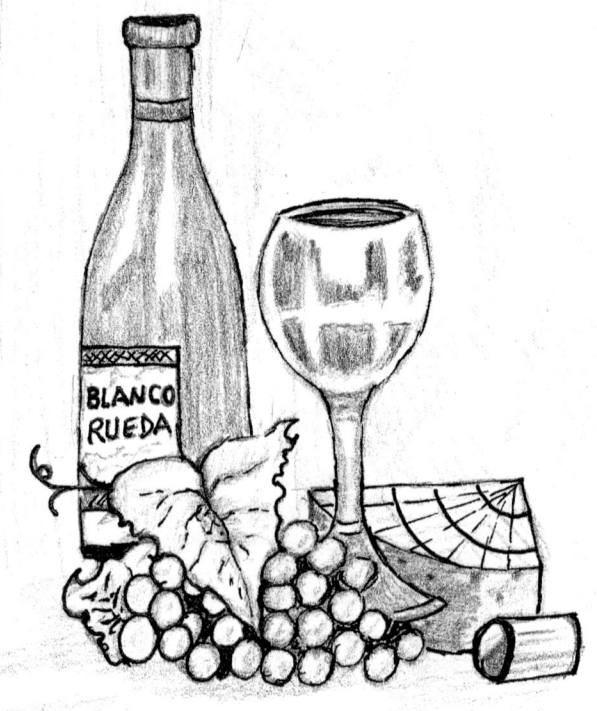

PEDRO QUE SEAS MUY FELIZ
Yuste 23

Un amigo es un amigo,
y un tesoro es un tesoro,
no equivoquemos las cosas,
la amistad es tan hermosa,
que no se paga con oro.

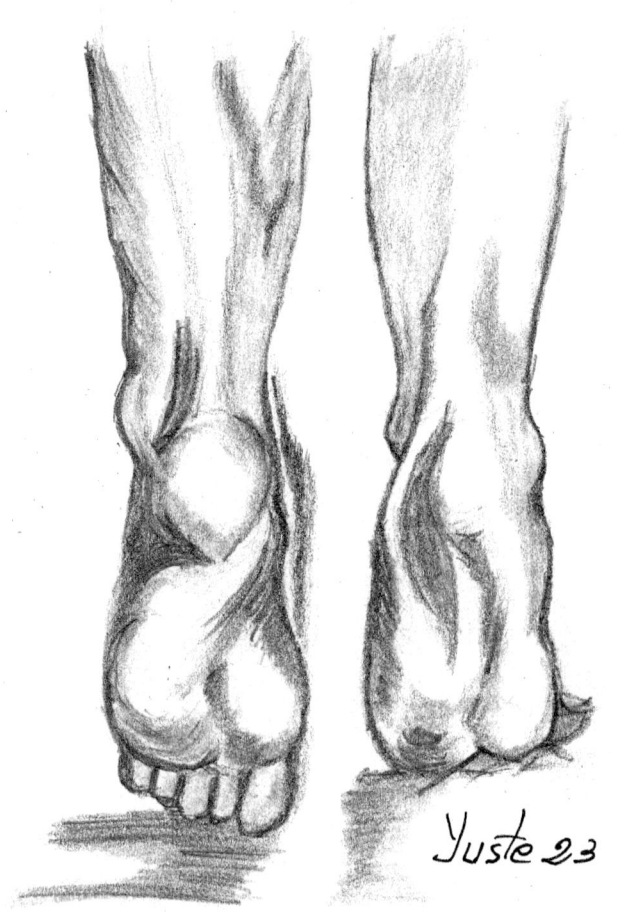

Yuste 23

El mejor homenaje, caminante,
es seguir viento en popa a toda vela,
y paso a paso, siempre hacia adelante,
sin perder la ilusión un solo instante,
ni sentir los pies aunque te duelan.

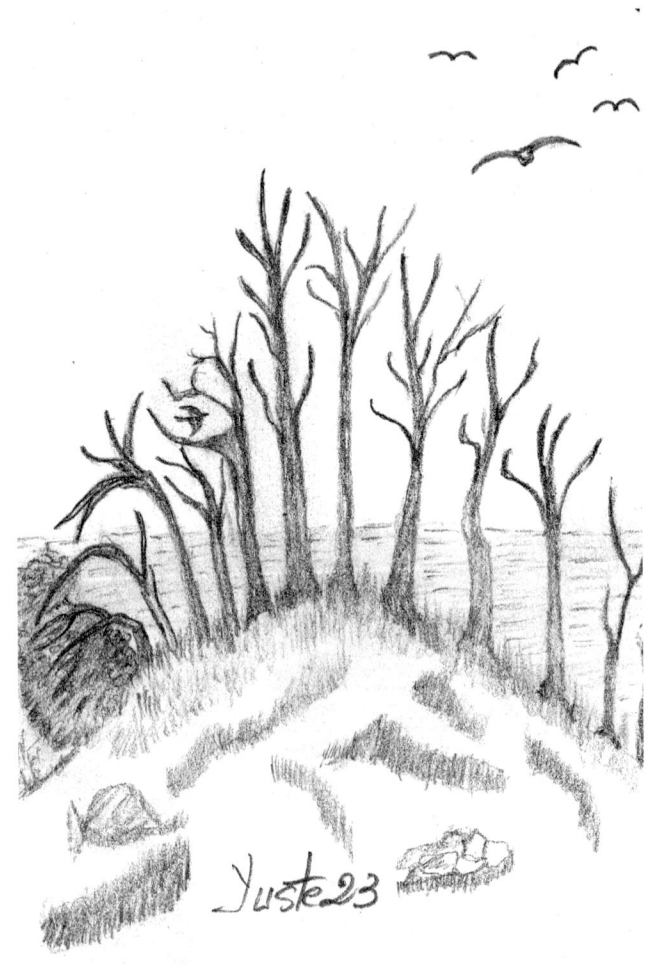

El rostro del otoño
se acerca lentamente.
Los pájaros emigran
a tierras lejanas.
Los árboles desnudos
despiertan con desgana.
El sol entre las nubes
se esconde de repente.
Y muy poco a poco,
vestido de gris,
el otoño llega con su pedigrí.

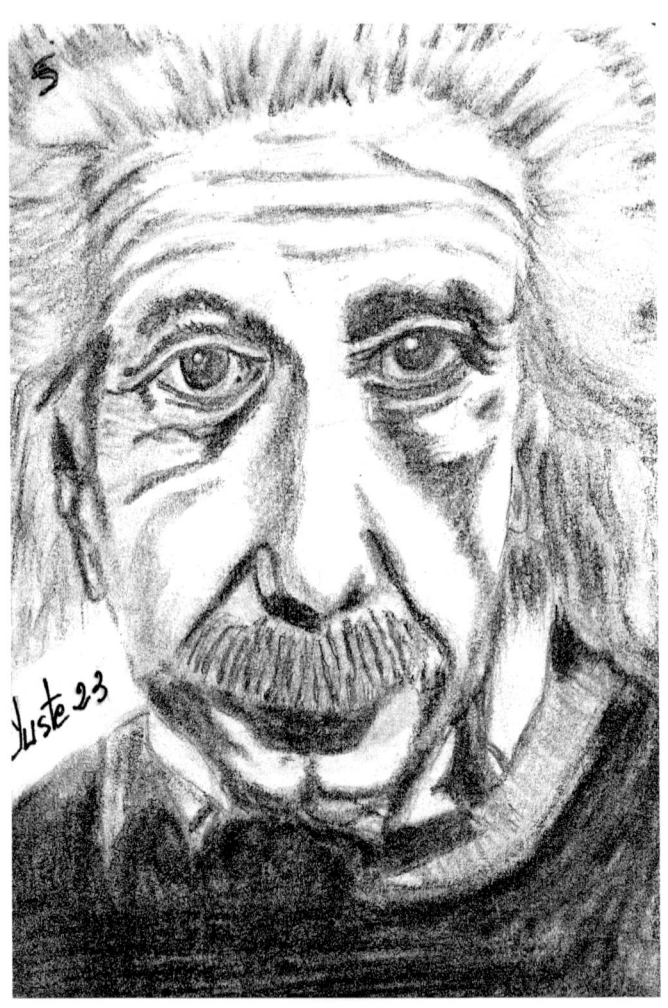

Sabiduría y vejez
van cogidos de la mano,
manos con muchas arrugas
de luchar desde temprano,
cabellos blancos de luna
con mucho camino andado.
Unos dicen que soy viejo,
de vida estoy empapado.

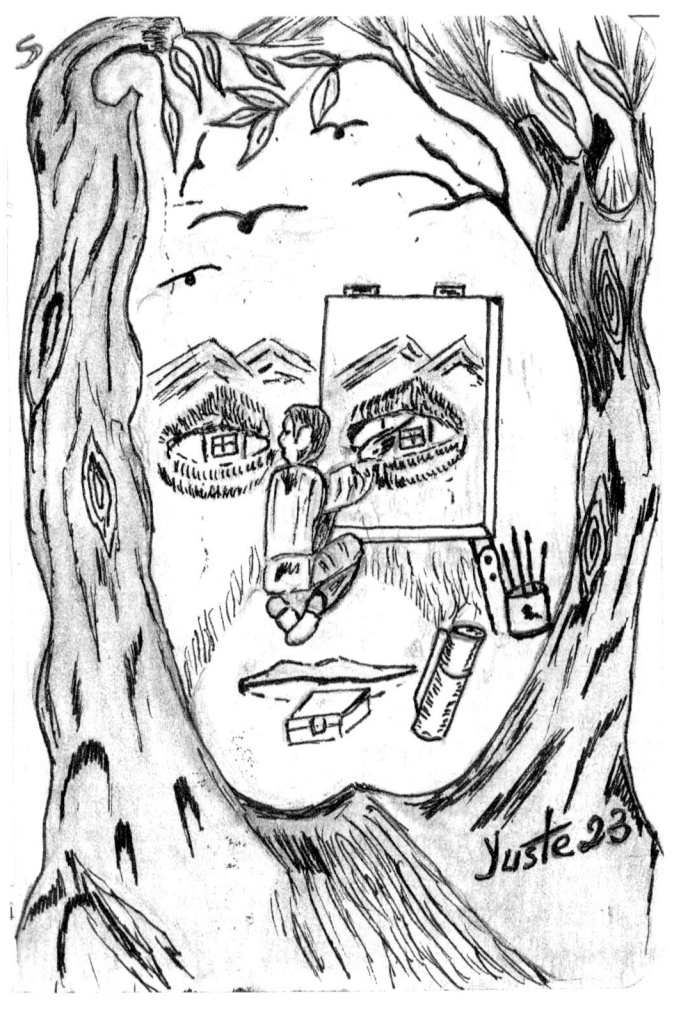

Quisiera ser árbol
para darte sombra,
quisiera ser pájaro
para saber cantar,
ser pintor, para pintar tu cara,
¡¡y con mis dos brazos
poderte abrazar!!

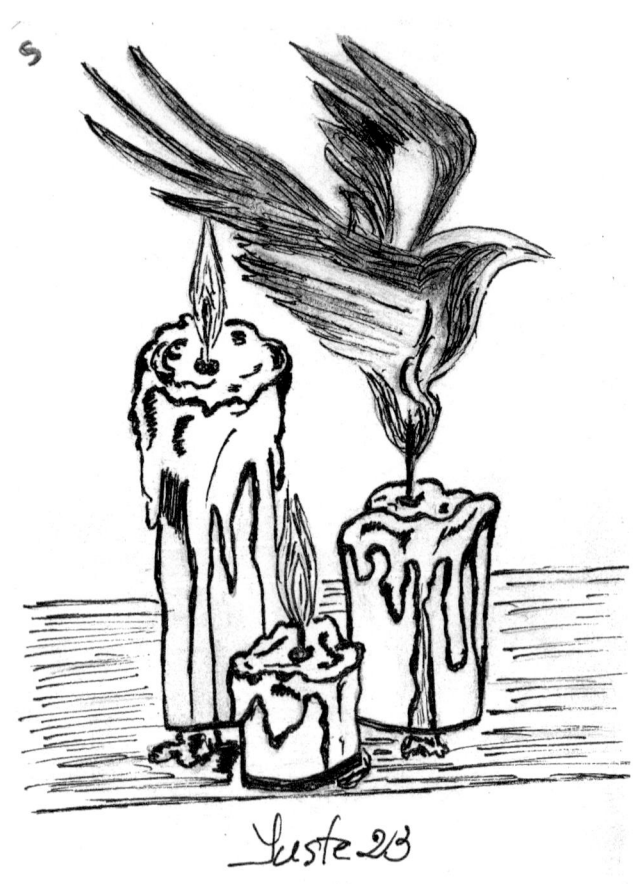

Quiero fundirme contigo,
fundirme como la cera,
de aquellas velas beatas
en una iglesia cualquiera.

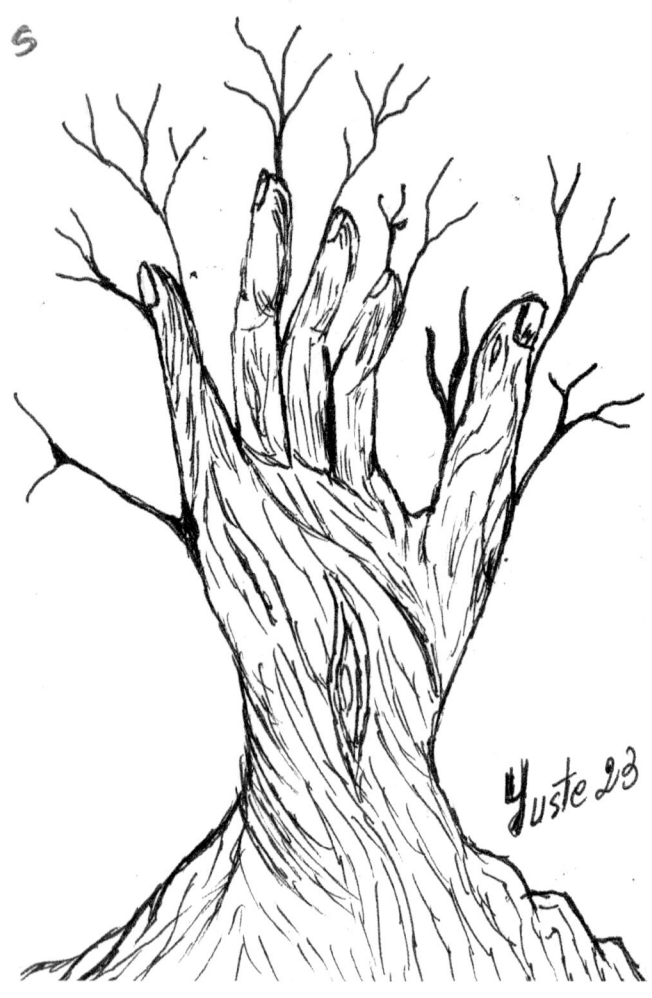

De las manos del artista
surge vida cuando crea,
para nada es conformista
hasta que plasma su idea.
Cada trazo es como un verso,
como un destello de arte,
cobrando vida al momento
y emociones al instante.
Empieza en un blanco lienzo,
donde su alma se despliega,
haciendo magia al comienzo
que al terminar nos entrega.

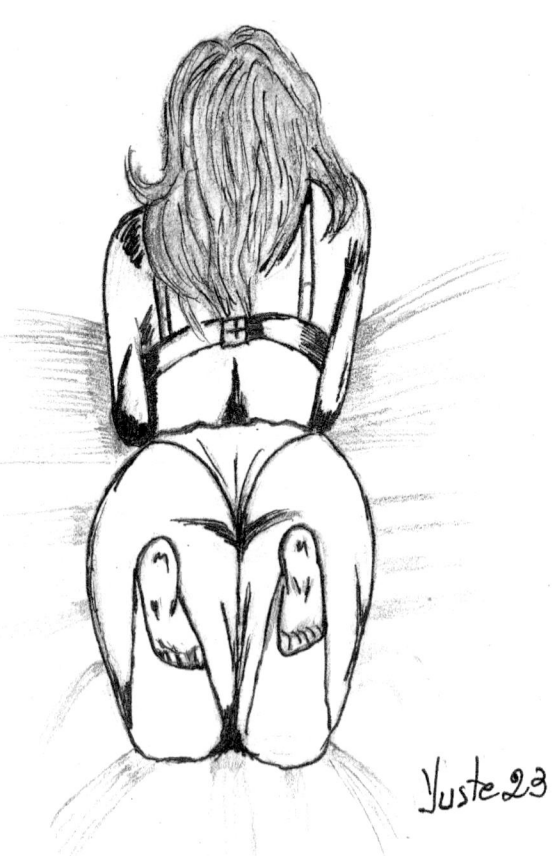

Yuste23

El libro espera impaciente
para compartir contigo
fantasías y aventuras,
mil relatos de locura,
y que te sientas testigo.
Libros que cuentan historias,
y otros que riman poesías
explorando nuevos mundos,
sintiéndote un vagabundo,
¡Sin libros no sé qué haría!

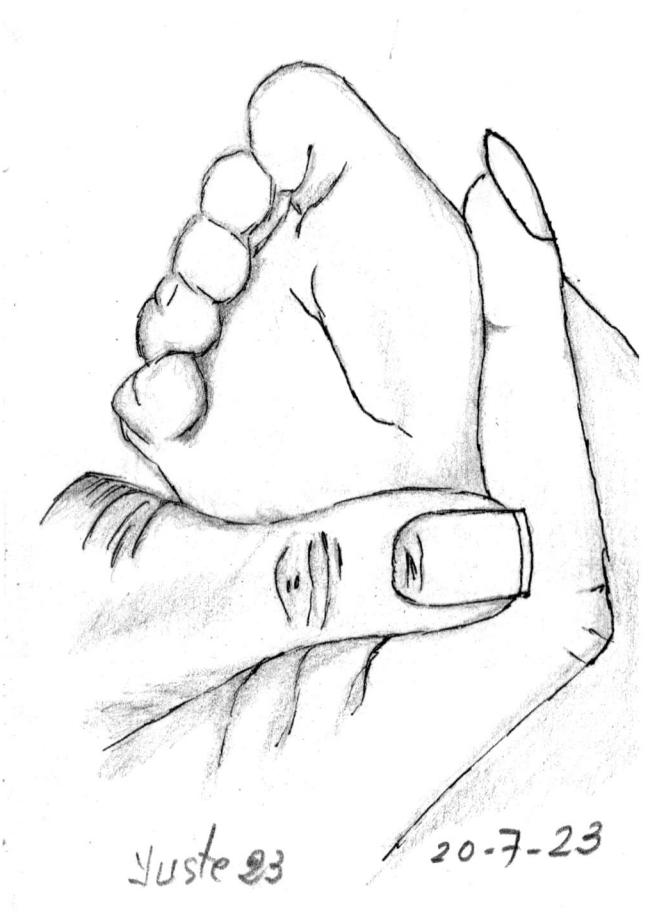

Yuste 23

20-7-23

Me encanta el contacto
de tu suave piel.
Como el viento acaricia
las aguas del mar.
Como una caricia
es tu voz al hablar.
Como tú solo sabes
acariciar mis pies.

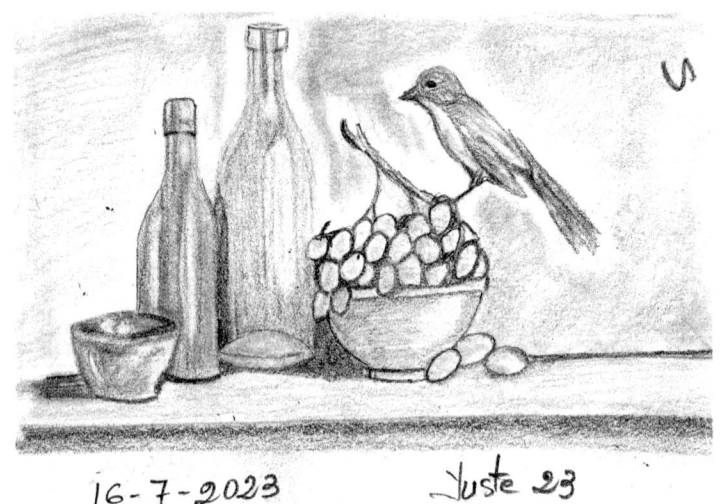

16-7-2023 Juste 23

Delicados colores
llenos de vida,
de racimos de uvas
y de bebidas,
de botellas de vino
sobre la mesa,
que sus vapores
derraman en mi cabeza.

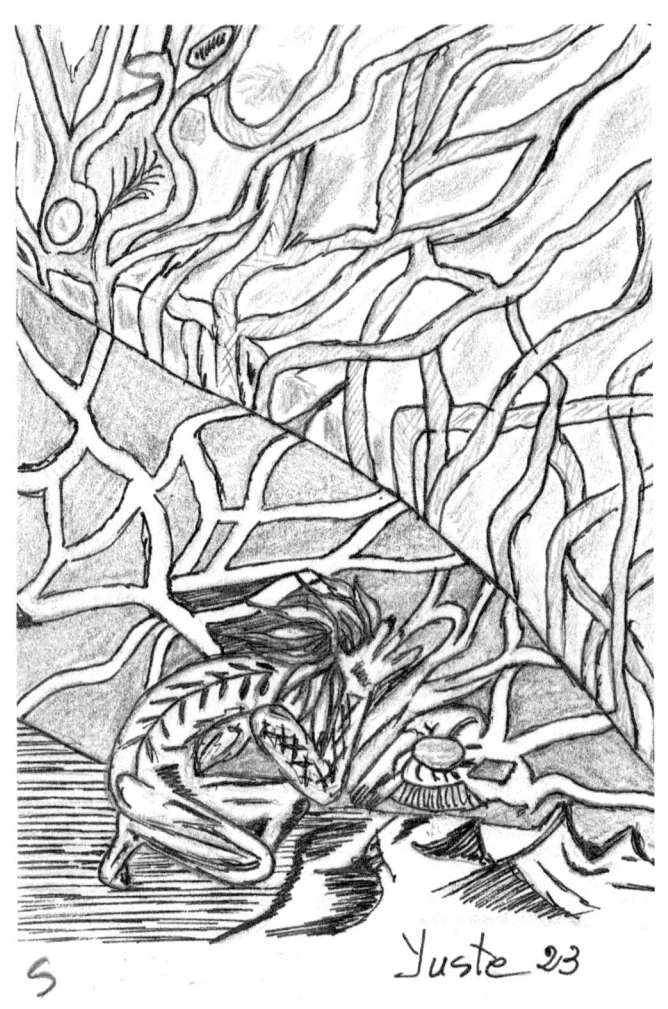

S   Yuste 23

Si el quererte fuera pecado
quiero arder en el Infierno,
pues antes que dejar de verte
prefiero morir quemado,
que ir al cielo sin tenerte.

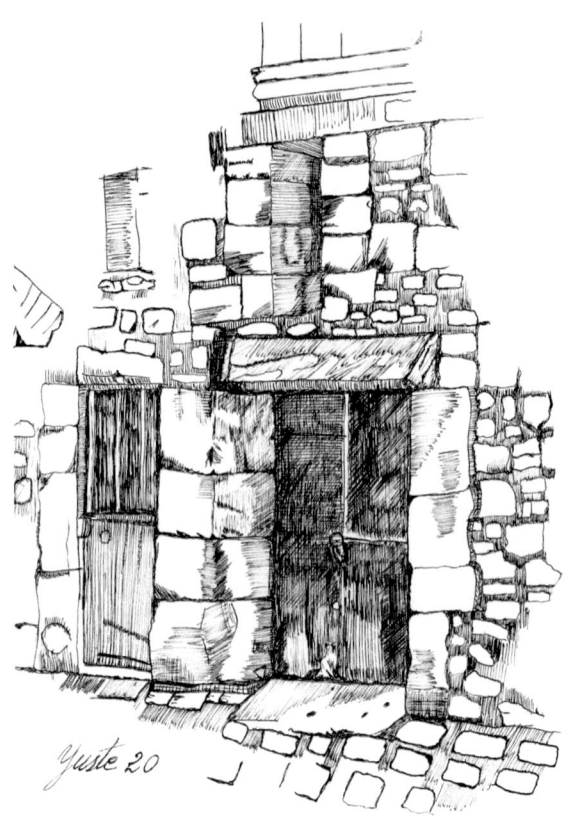

Testigo sois de la historia
vieja casa de mi infancia,
hoy sólo eres añoranza,
¡¡Hay si tuvieras memoria...!!
Tus muros guardan secretos,
tus ventanas confidencias,
todo un mundo de experiencias,
y una historia en cada objeto.
Hay recuerdos que perduran,
olor a pan por el día,
el fuego en las noches frías,
y un refugio de ternura.

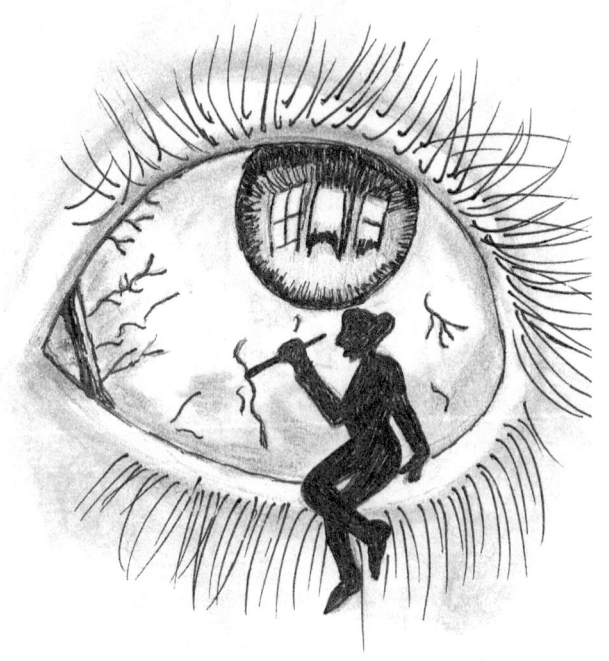

Yuste 23

Tus ojos son como faros
iluminando la madrugada,
Imposible que un pintor,
de entre todos el mejor,
pudiera pintar tu cara.

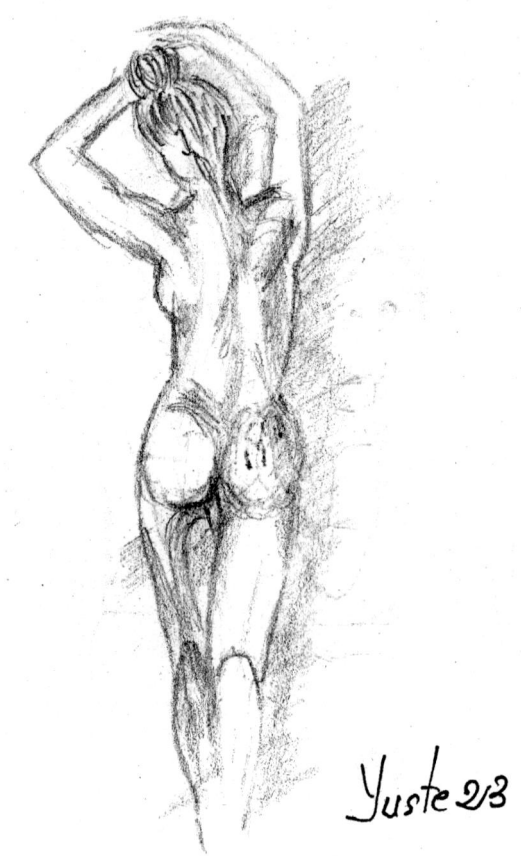

Yuste 23

Admiro la belleza que Dios te ha dado,
no es esto ni lujuria ni pecado,
llevas sólo una sonrisa por vestido,
a tus pies los corazones caen rendidos,
y en tu desnudez se inspiran mis versos,
porque no sólo eres un cuerpo,
¡Eres mucho más que eso!

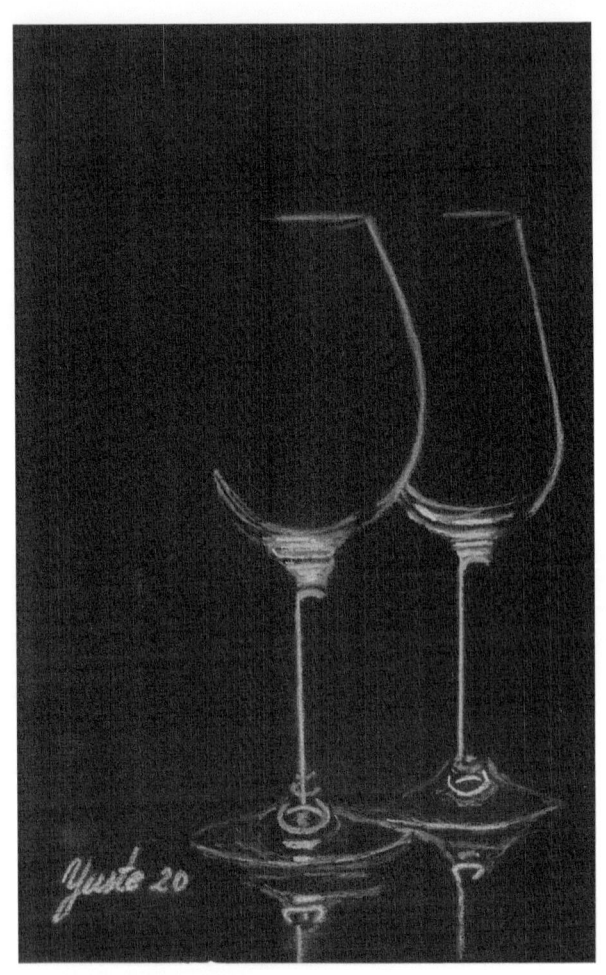

¡Salud! Yo alzo mi copa,
brindemos por la amistad,
¡Tabernero, echa más vino!
que a todos quiero invitar,
me da igual tinto que fino,
es brebaje tan divino
que deberían recetar.

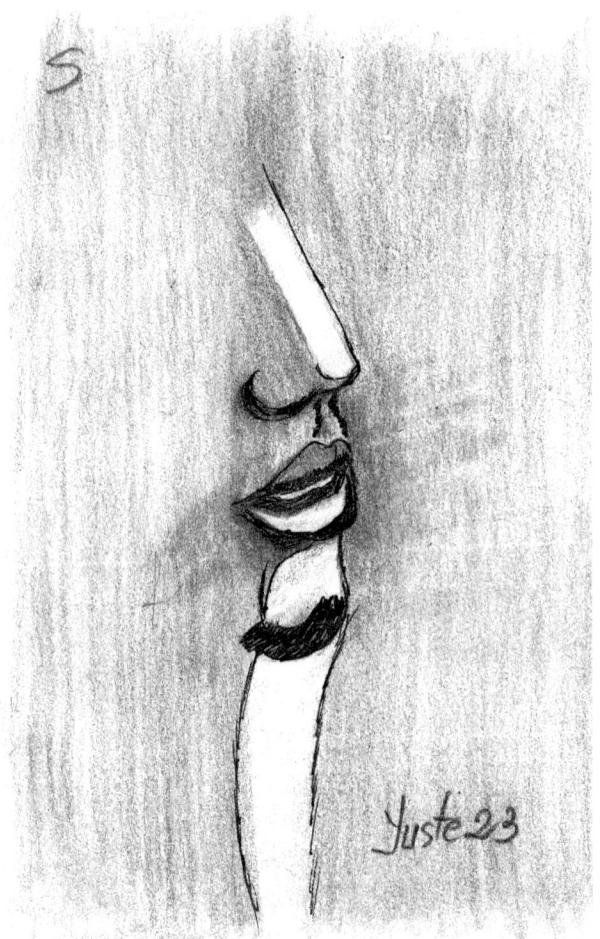

Intentas como asomarte
y te veo desaparecida,
sigue tu cara escondida,
sólo pretendo animarte
para que seas atrevida,
y nadie pueda acusarte
de no dar la cara en la vida.

S

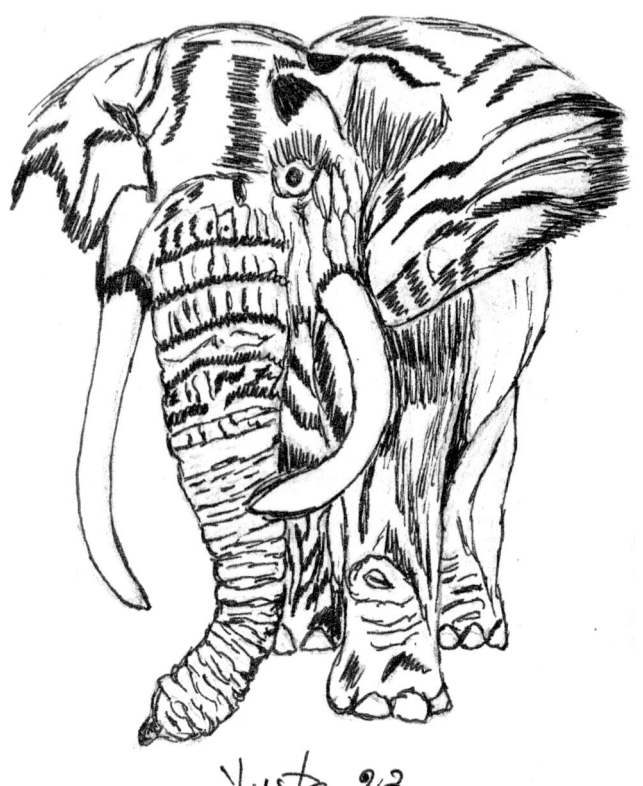

Juste 23

Y Dios en la creación
te hizo noble y elegante,
paquidermo impresionante,
leal, sereno y tragón.
Amigo fuiste de Aníbal,
con el cruzaste los Alpes,
una gesta impresionante
en la cual participaste.
Y no lo digo de broma,
te mereces un diploma
por haberle ayudado tanto
en su guerra contra Roma.

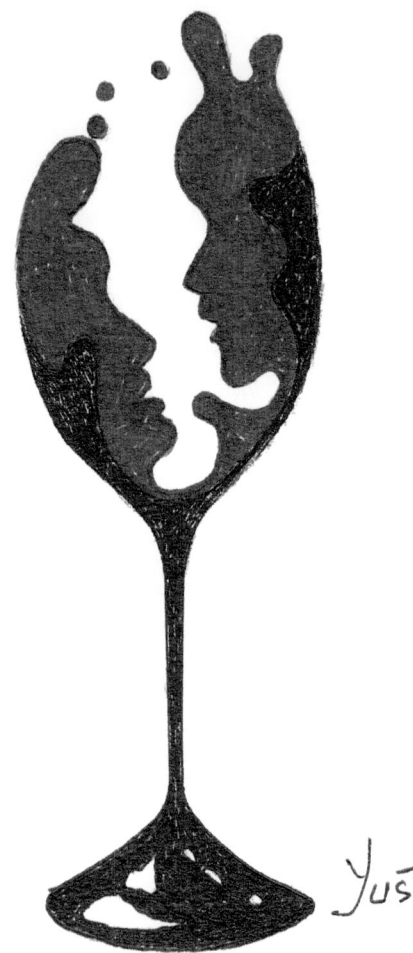

Una copa de vino
es un tesoro.
Es un gozo divino
embriagador.
Es como un beso tuyo
que tanto adoro.
Un arrebato de placer
embaucador.

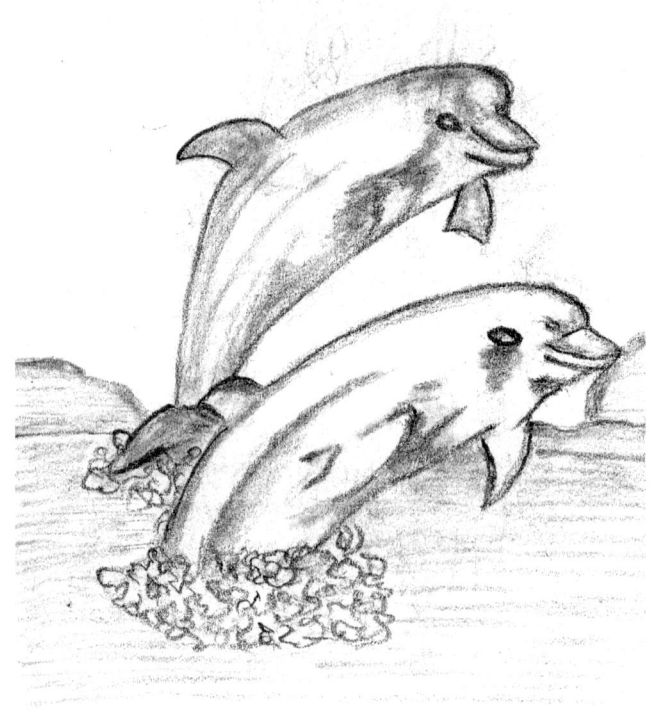

Yuste 23

Mamíferos inteligentes
simpáticos y sociales,
muy amigo de los niños,
no hay ninguno que os iguale
ni demuestre más cariño.
Dos delfines van saltando
en el mar con alegría,
jugando y nadando van
haciendo coreografías
y con total libertad.
Fuisteis animales terrestres
y os adaptasteis al agua,
gracias a la evolución,
para que voy a negarte,
que este cambio me gustó.

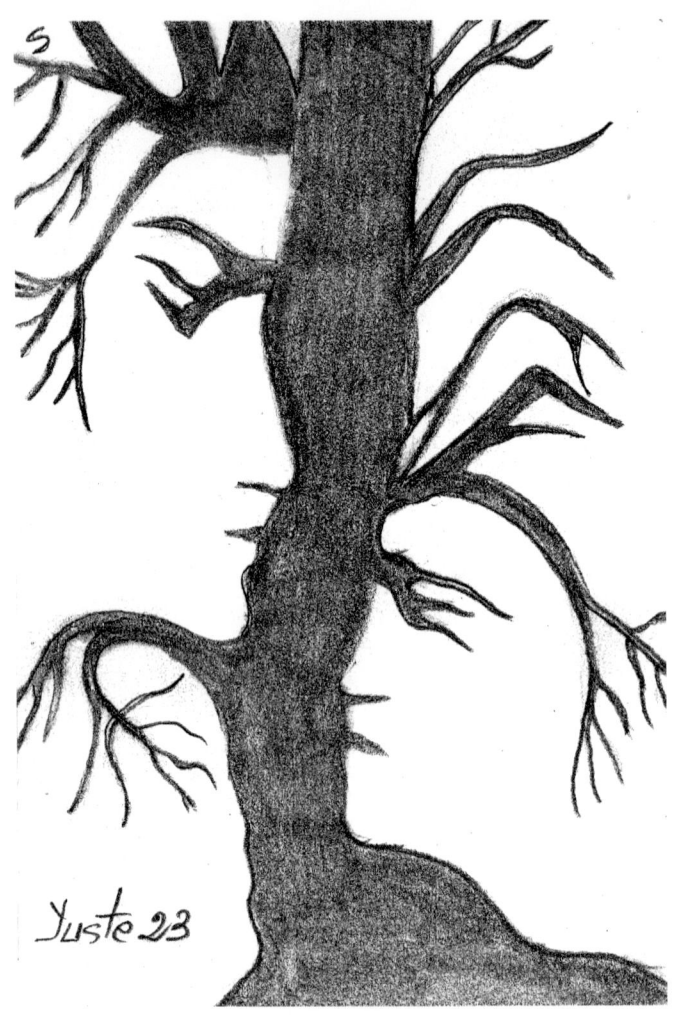

Me gustaría poder
darte un abrazo,
pero me encuentro
entre ramas prisionero,
por mucho que pretenda
no llego con mis brazos,
pero aunque no te alcance,
por ti muero.

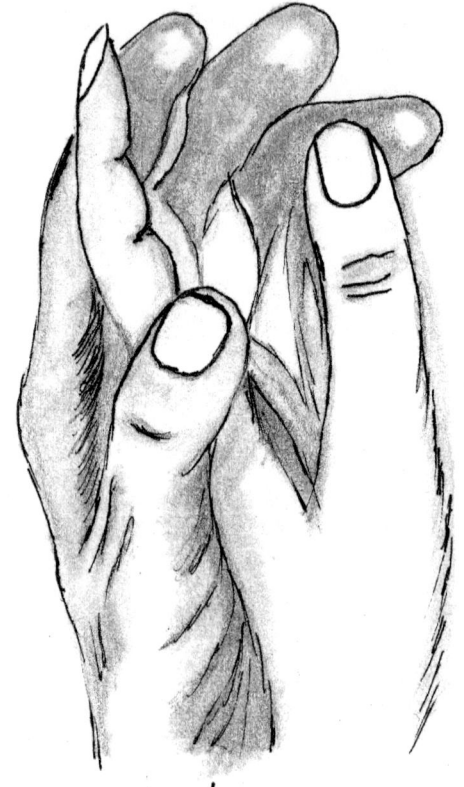

Yuste 23

Dos manos que se conocen
se acarician y entrelazan,
juntas rezan o se abrazan,
son tus manos y las mías.
Cuando acaricias mi piel,
es como una sinfonía
de canciones y poesía,
de locura y de placer.

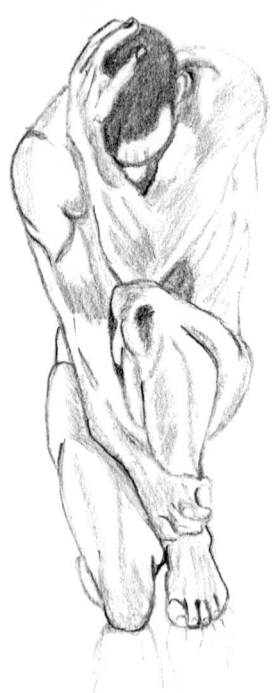

Pensando me paso el día,
y si no pienso es peor,
las horas son aburridas,
y aunque sea agotador,
como no soy hablador,
así me paso la vida.

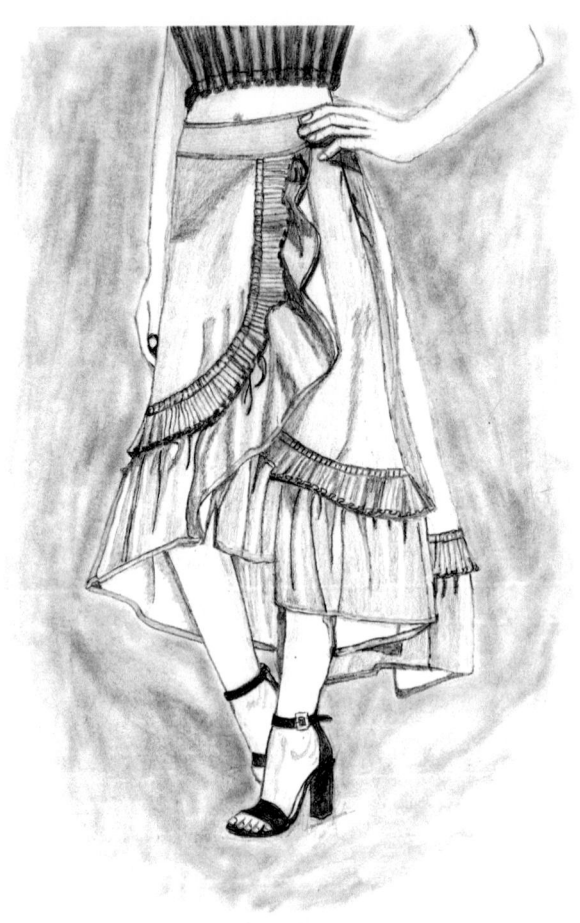

Que bonita estás vestida,
orgullosa y presumida
con tu falda de colores,
ciñéndose a la cintura,
pareces una pintura
de los mejores pintores.

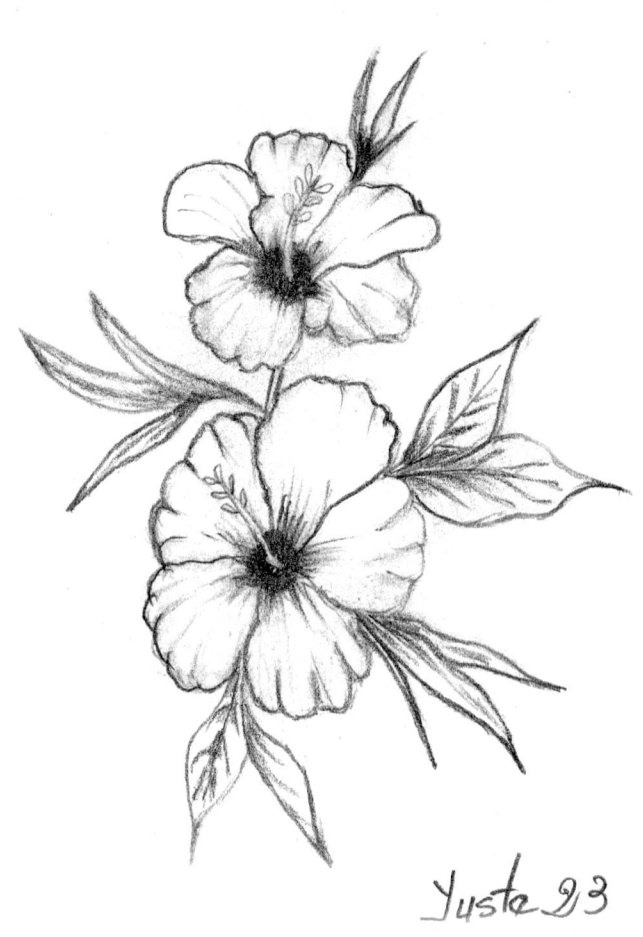

Yuste 93

Flores que fueron color y alegría,
al despuntar el alba en la mañana,
con el paso de la tarde están lozanas,
y en la noche serán mustias y frías.

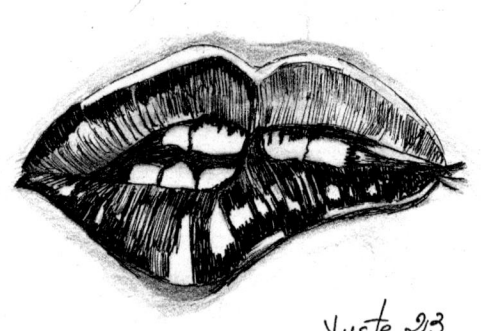

En tus labios me siento atrapado,
son tus besos tan dulces y seductores,
que mi alma está llena de amores
y mi corazón arde abrasado.

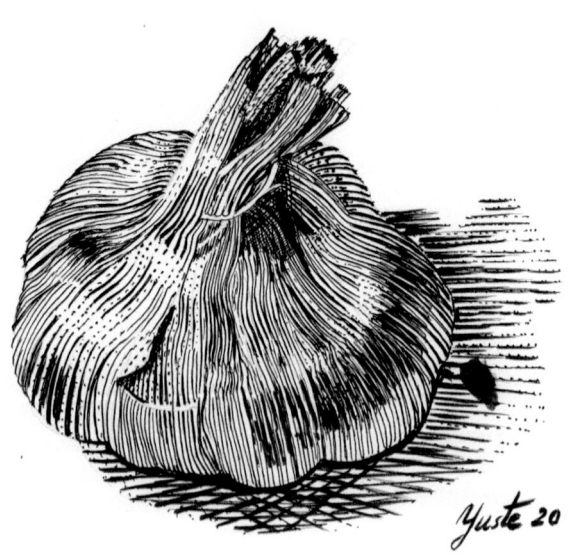

Menudo alimento eres,
tan popular y completo,
que mereces un respeto
por tener superpoderes.
Hasta en la antigua Grecia
lo consumían los atletas,
mejorando el rendimiento,
pues tenían conocimiento,
que era un milagro su dieta.

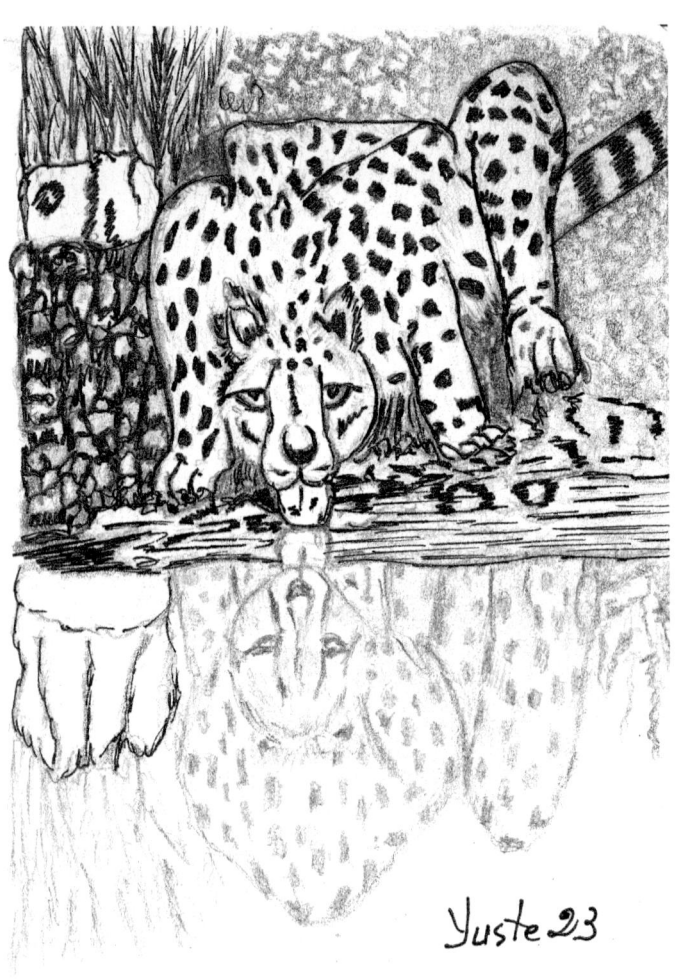

Orgulloso y muy gallardo,
bebiendo está de la charca
el intrépido leopardo,
atento y agazapado
y su cuerpo en el agua reflejado.
Eres un veloz atleta,
no tienes rival, ni amigos,
buscando sorprender a las gacelas
entre matorrales escondido.
El olor a muerte sobrevuela.

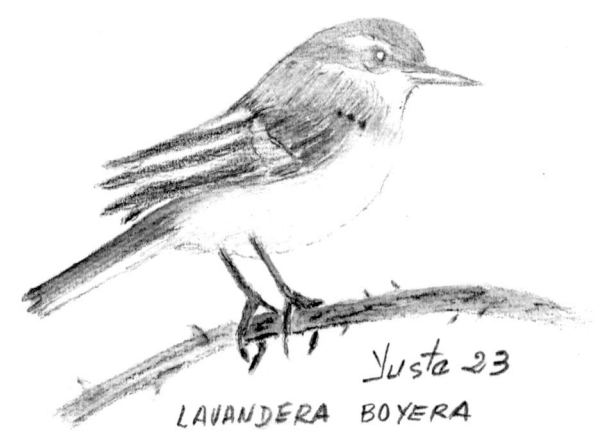

Yusta 23

LAVANDERA BOYERA

Hermoso y lindo plumaje
de muy diversos colores,
eres así Lavandera,
y por ser un picabueyes
te llaman así: Boyera.

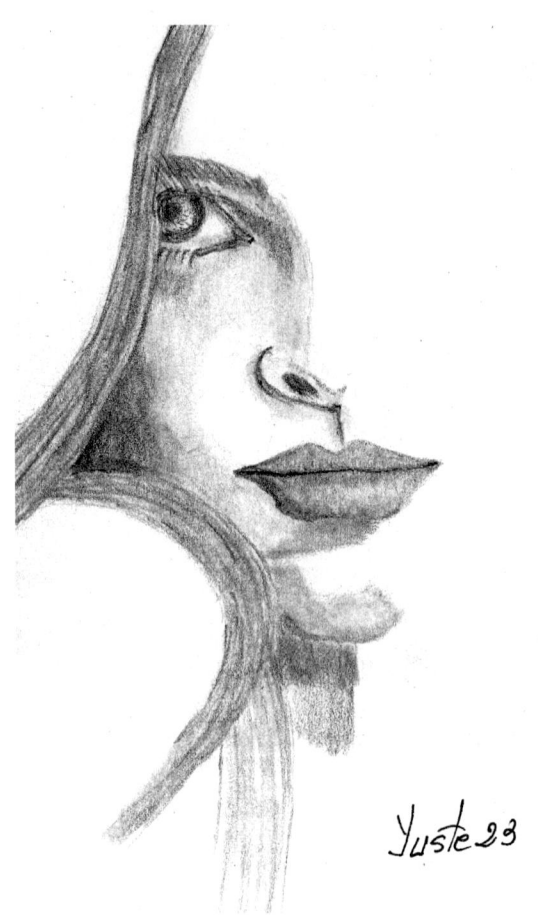

Eres como la cara oculta de la luna,
eres como la parte oculta de un iceberg,
mujer intrigante y misteriosa,
hasta en lo que no se ve eres hermosa.

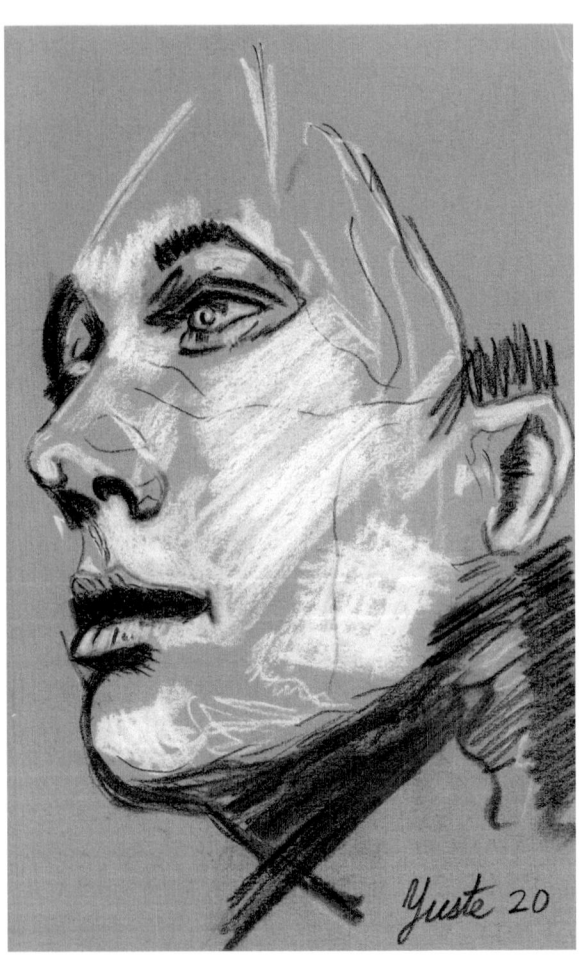

Quisiera ser tu ángel de la guarda
y librarte siempre del peligro,
pero yo solo soy un ser humano,
y pido a Dios por ti, siendo pagano,
que me quieras siempre con delirio.

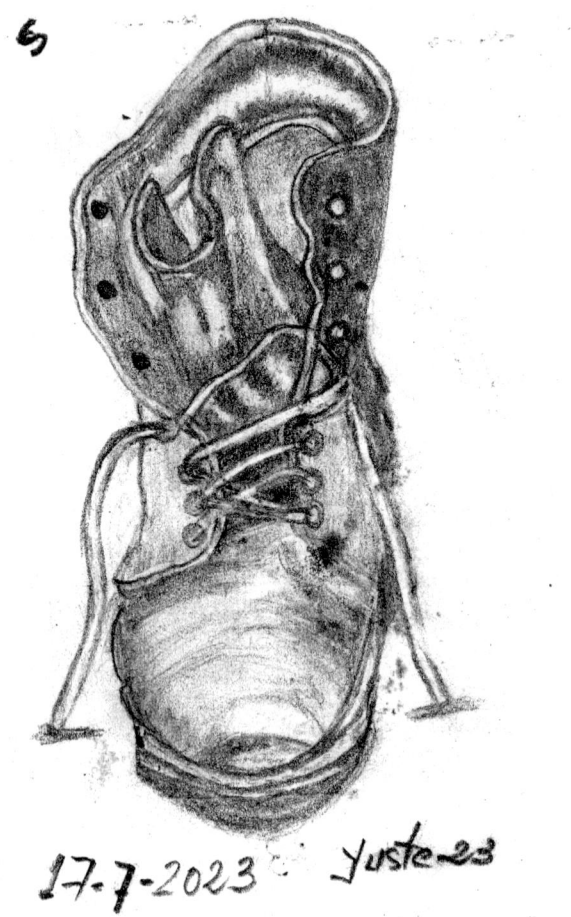

17·7·2023　Yuste-23

Atrás se quedan las huellas
al recorrer tu camino,
ten en cuenta peregrino
que el cansancio hace mella
y es bueno ser precavido.
El sol envalentonado
brillando está sin cesar,
y mi cuerpo extenuado
me invita a descansar,
la brisa hospitalaria
me anima a caminar,
pero mis botas gritan
¡¡Basta ya!!

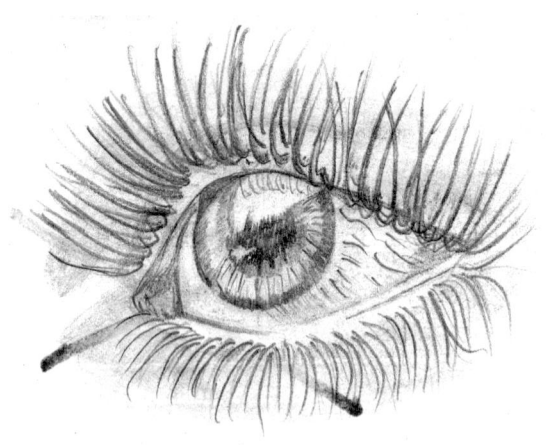

Juste 23

En nuestra primera cita,
al mirarte aquella tarde,
tus ojos me hipnotizaron,
no pude apartar la vista,
y me siento un anarquista
de tu causa ilusionado.

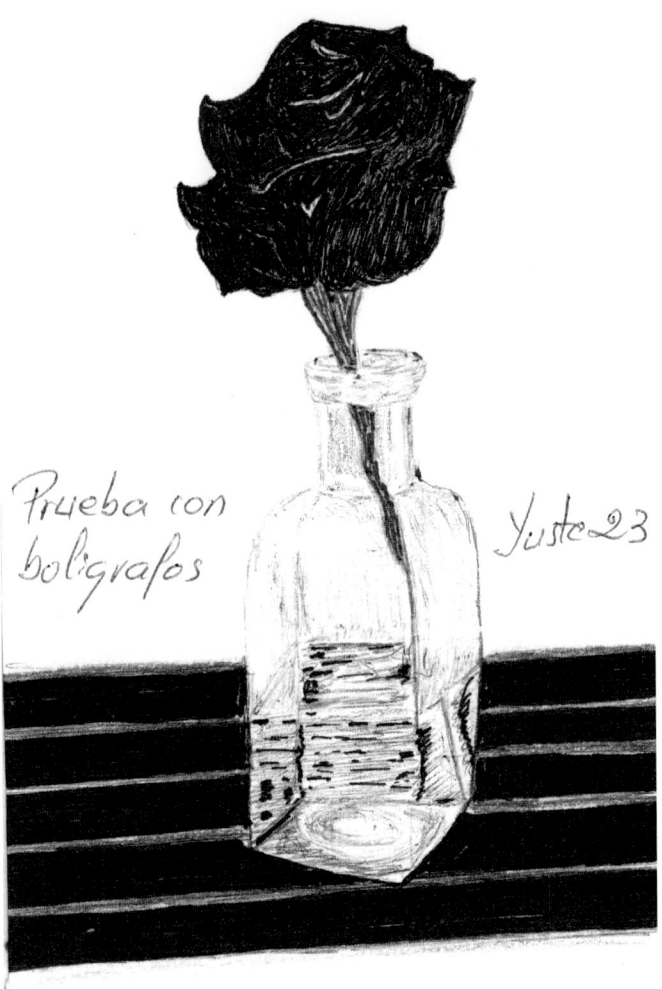

Prueba con
bolígrafos

Yuste23

Reina de las flores,
rosa soberana,
que tu fragancia derramas
al aire en mil olores.
Sabes que tu muerte
será muy temprana,
pero te regaré cada mañana.
En tu juventud eres la más bella
mientras reposes en esa botella,
porque la vida es muy canalla.

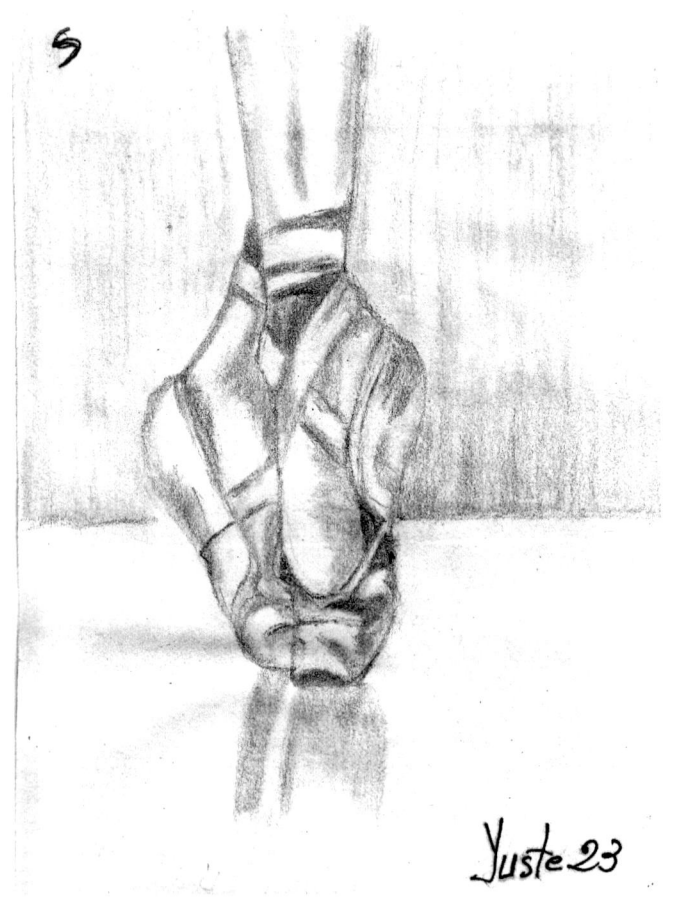

Juste 23

Eres como un ángel
al iniciar el vuelo,
como una nube
bailando en el cielo,
arte en movimiento,
y tan elegante,
pareces un cisne
blanco y radiante.
Al compás del mágico violín
movías con soltura tu cadera,
y quedaba mi alma prisionera,
cada vez que bailabas para mí.

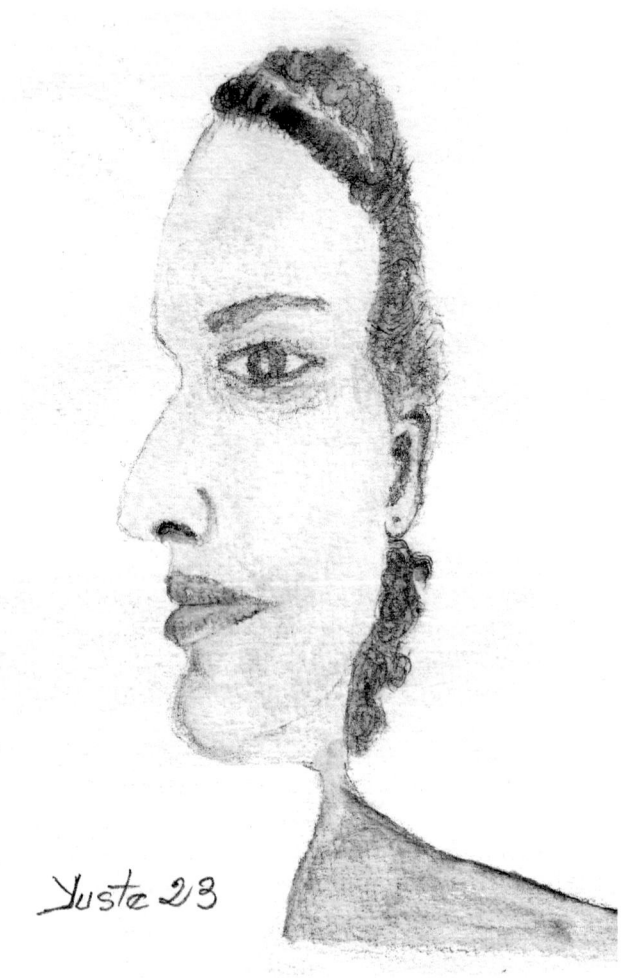

Yuste 23

Tu rostro tiene misterio
y me da cierto acongojo,
pareces con un sólo ojo
monje de algún monasterio.

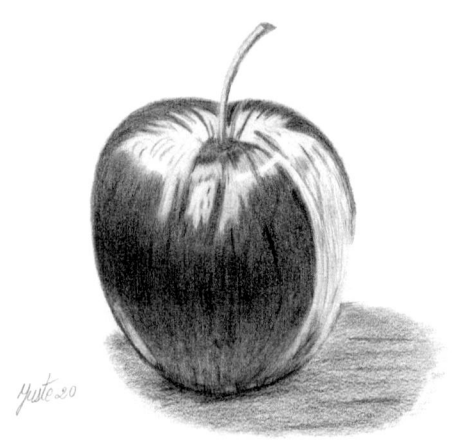

Ante mis ojos surgiste tan hermosa
con tu color de piel tan sugerente,
que me acerqué hacia ti muy lentamente
y te abracé de forma cariñosa.
Te fui desnudando poco a poco,
despojando tu vestido adolescente.
Al final te desnudé completamente
y te comí manzana como un loco.

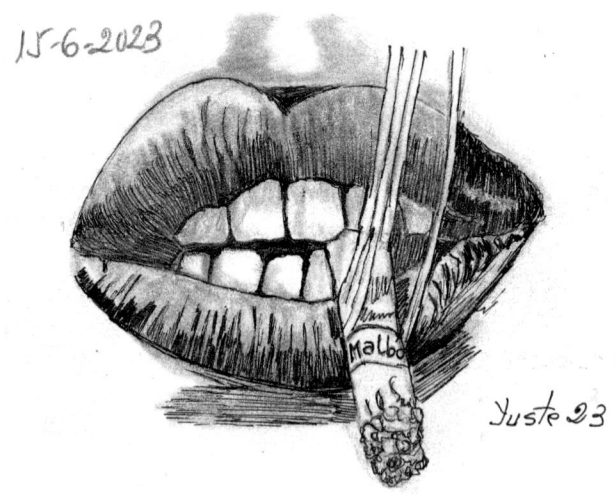

15-6-2023

Yuste 23

El día que te conocí
fuiste un descubrimiento,
la sensación que sentí
no la puedo describir,
y no creas que te miento.
A veces sueño contigo,
y siempre te echo de menos
en las noches estrelladas,
entrando la madrugada
soy adicto a tu veneno.
Sin ti no podría vivir
ni un sólo día, ni un rato,
no te confundas amigo,
esto es como un castigo,
pues sólo hablo del tabaco.

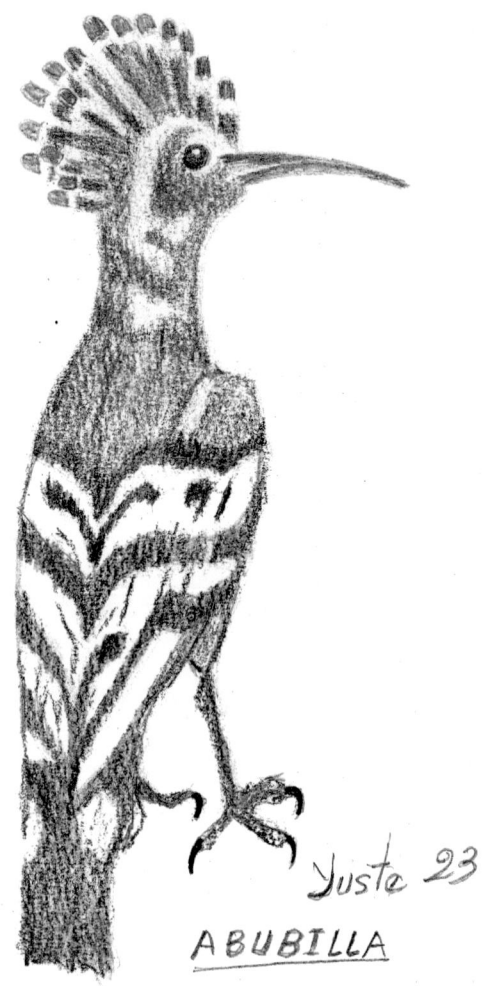

Yuste 23

ABUBILLA

Con su penacho de plumas
abierto como abanico
de encendidos colores,
luce su mejor vestido,
buscando ser elegido,
en su cortejo de amores.
Pico curvo y alargado,
un vuelo muy elegante,
al abrir sus alas brilla,
es hermosa la abubilla,
buscando siempre semillas
en su vida itinerante.

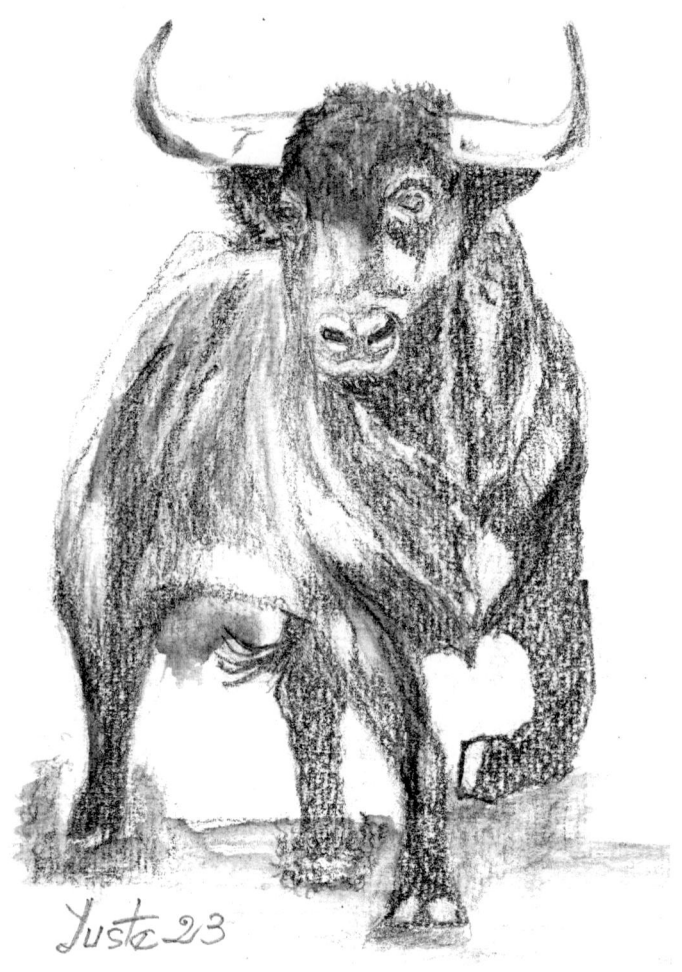

Justo 23

Toro de lidia, rey de la dehesa,
de fuerza brutal y de hermosura,
de carácter valiente y de bravura,
de casta sin igual y de nobleza.
Animal poderoso y arrogante,
que defiendes tu vida hasta la muerte,
en la lidia luchando con toreros
te defiendes con tus astas en el ruedo,
pues tu orgullo te impide someterte.

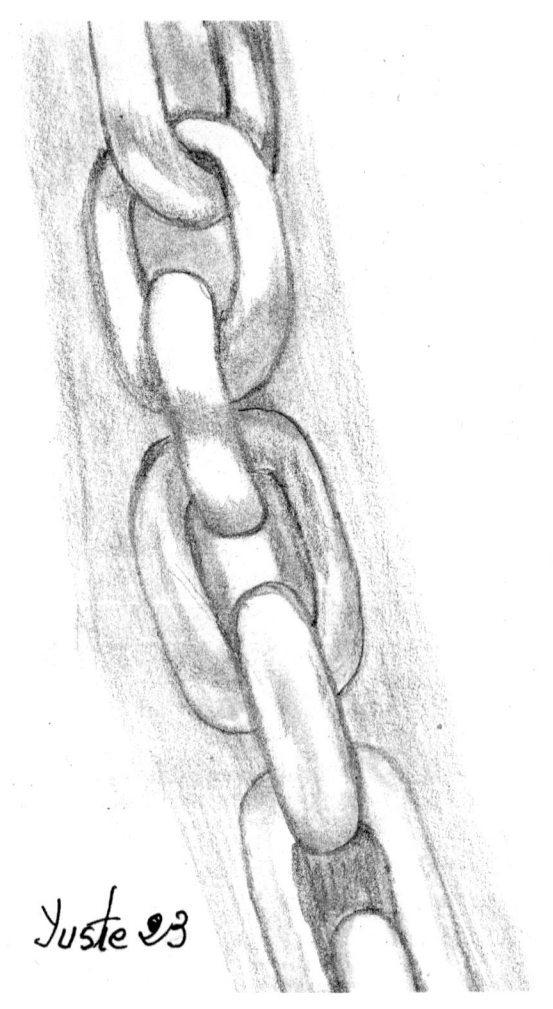

Yuste 93

En tu cárcel de amor estoy prisionero,
encadenado a ti para siempre,
no quisiera acortar mi condena
ni siquiera conmutar mi pena,
quiero ser culpable y no inocente.

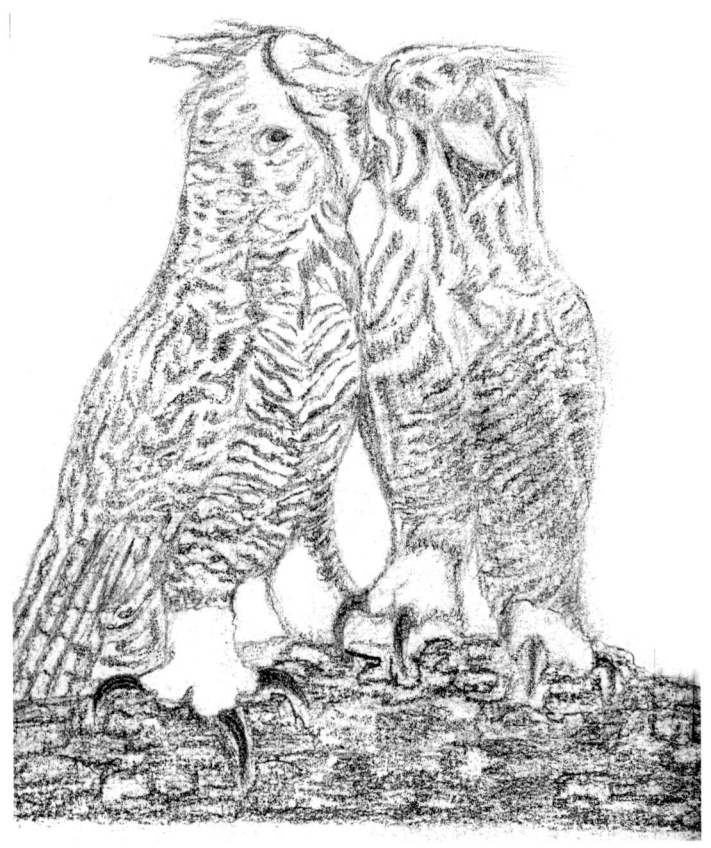

La noche ha caído en el bosque,
y en el hueco del árbol, la lechuza,
con sus ojos grandes y brillantes,
ululando espera a su amante,
para vivir juntos su aventura.
Mira compañera las estrellas,
junta tus barbas de pluma con las mías,
y no cacemos esta noche todavía,
quiero que veas en mis ojos la alegría,
de tener de las lechuzas la más bella.

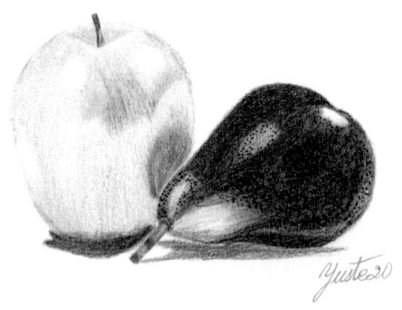

Manzana dulce y jugosa,
y tú pera limonera,
sois las dos tan tentadoras,
que estoy contando las horas
para comeros enteras.
Sois festín para mis ojos
y paleta de colores,
además de muy sabrosas,
siendo también tan hermosas,
sois musa de los pintores.

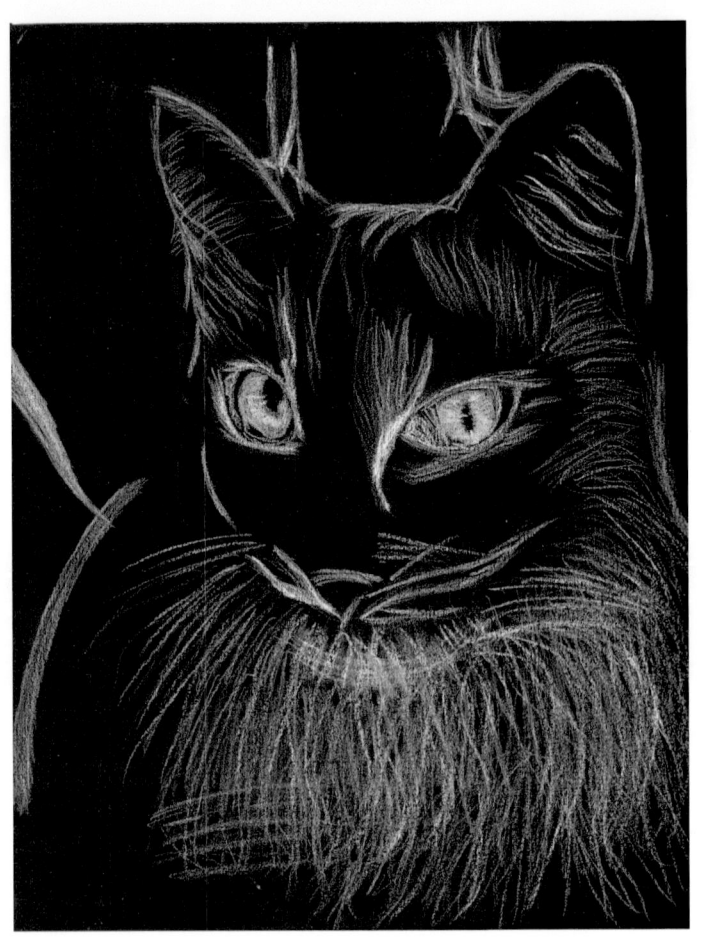

Eres tigre en miniatura,
arrogante y con carácter,
eres sabiduría pura,
silenciosa criatura;
imposible no admirarte.

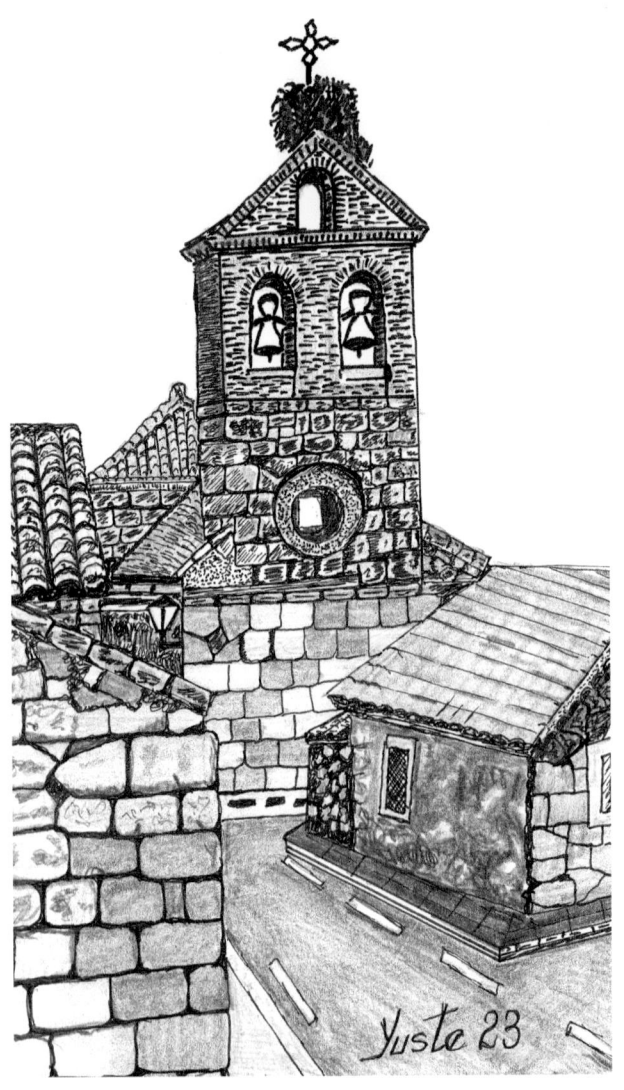

Quiero rendir homenaje
en este entrañable poema,
a este pueblo tan bucólico,
con ese aire melancólico
que te recorre las venas.
Casas humildes de piedra
muy típicas del lugar,
un paisaje evocador,
y sientes como espectador
que te llega a embelesar.
Un pueblo de campesinos
nobles, sinceros y amables,
de ganado y de jornal,
de cultura artesanal
y carácter respetable.
La iglesia con su torre es sencilla
sobria y austera como su gente,
con nido de cigüeña en su tejado,
con una vieja campana en cada lado,
que suenan al llamar a los creyentes.
Lugar de plazas tranquilas y arbolada,
que parecen detenidas en el tiempo,
calles perfumadas de romero,
de geranios cuidados con esmero,
admiración al mirarlo es lo que siento.
Me gustaría gozar por estos lares
haciendo día a día de peregrino,
andar cruzando viñas y ríos,
admirando el pintoresco caserío,
y hablando y saludando a los vecinos.

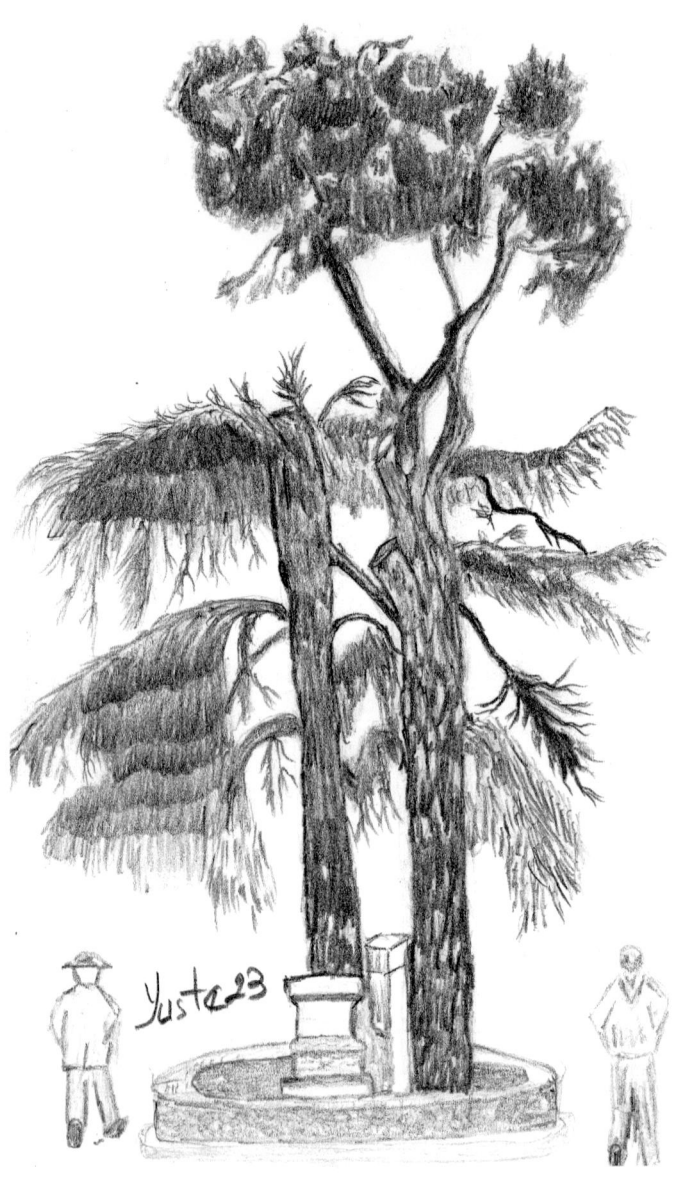

Árboles centenarios del Retiro,
de ese parque tan singular de Madrid,
espacio de belleza silenciosa,
salpicado de flores tan hermosas
que no hay poeta que pueda describir.
Arce, cedros, palmeras y cipreses
alzándose orgullosos hacia el cielo,
contándole secretos a los vientos,
con ese balanceo susurrante y lento,
y dando sombra a pequeños y abuelos.

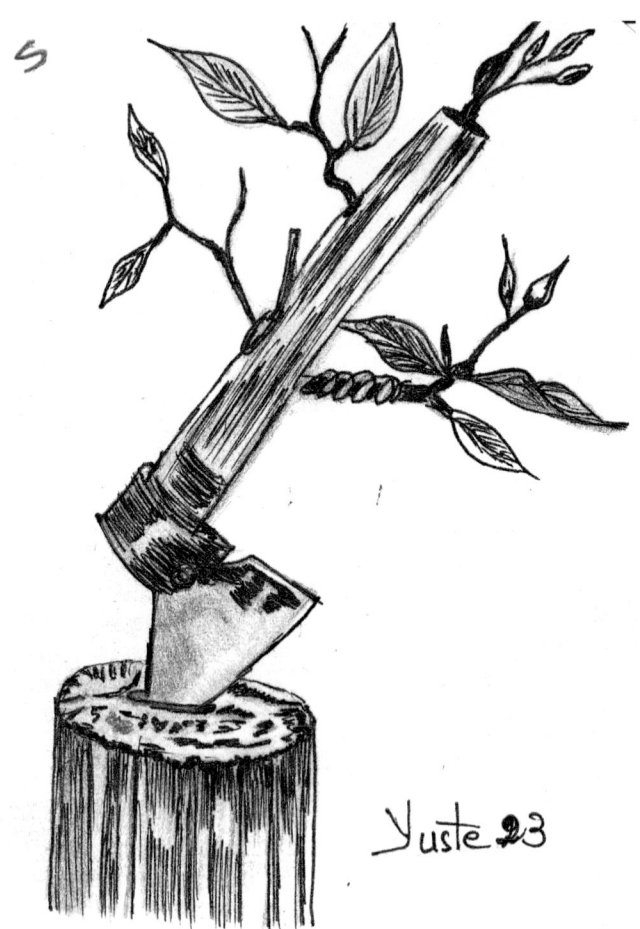

Yuste 23

Hacha cumple tu condena,
que no hay mayor castigo
que haber quitado una vida,
que no se da por vencida,
y ella en ti se regenera.

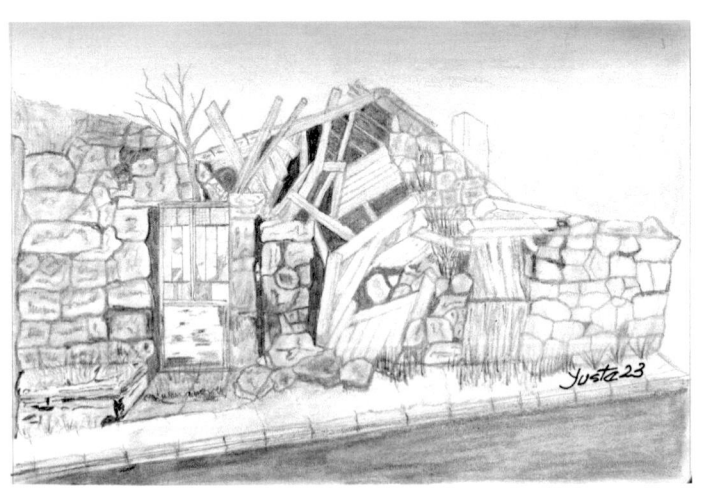

Moribunda y solitaria está la casa
a la espera de cada nuevo día,
siendo testigo del tiempo que pasa,
en cada amanecer y en noches frías.
Sucumbiendo poco a poco cada piedra,
llevándose la memoria del pasado,
habitando en su interior sólo la hiedra,
y aperos de labranza abandonados.
Ventanas y puertas carcomidas,
en plena ruina y decadencia,
casa que tuvo tanta vida
y hoy muriendo con total indiferencia.

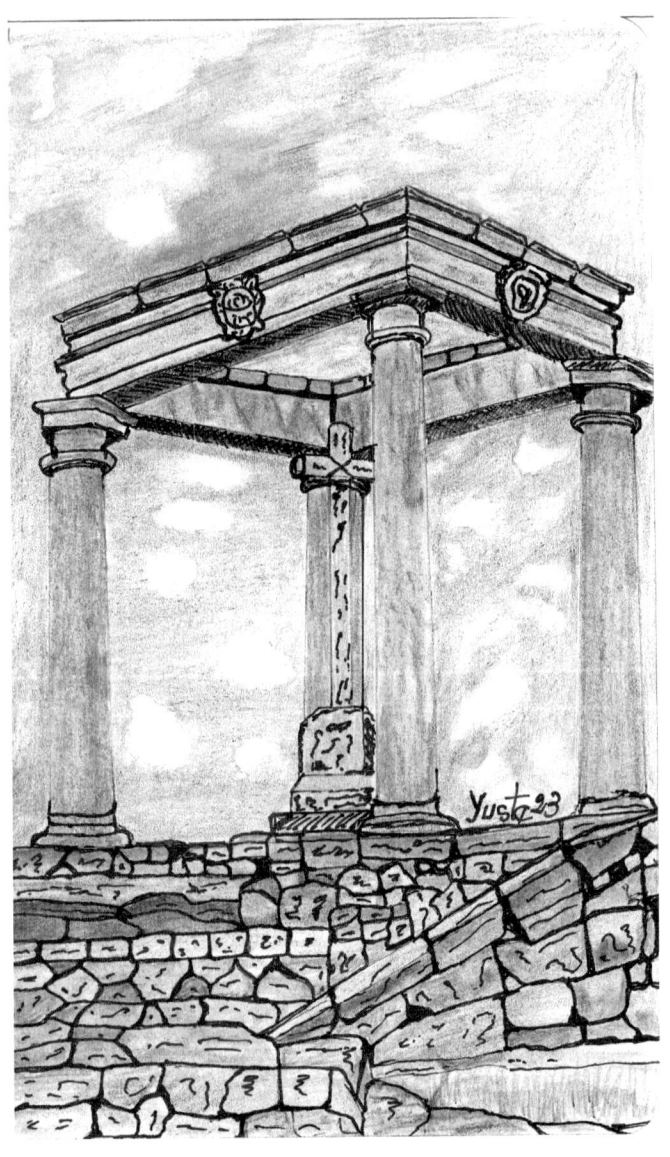

Una cruz que es un altar
y de palio tiene el cielo,
cuatro dóricas columnas
que surgen del mismo suelo.
Dominando la ciudad
se erige el humilladero,
histórico mirador
y leyenda de caballeros.
Cuentan que Santa Teresa
en Ávila no la admitieron,
y en los postes sacudió,
sus sandalias y respondió:
"de Ávila ni el polvo quiero".

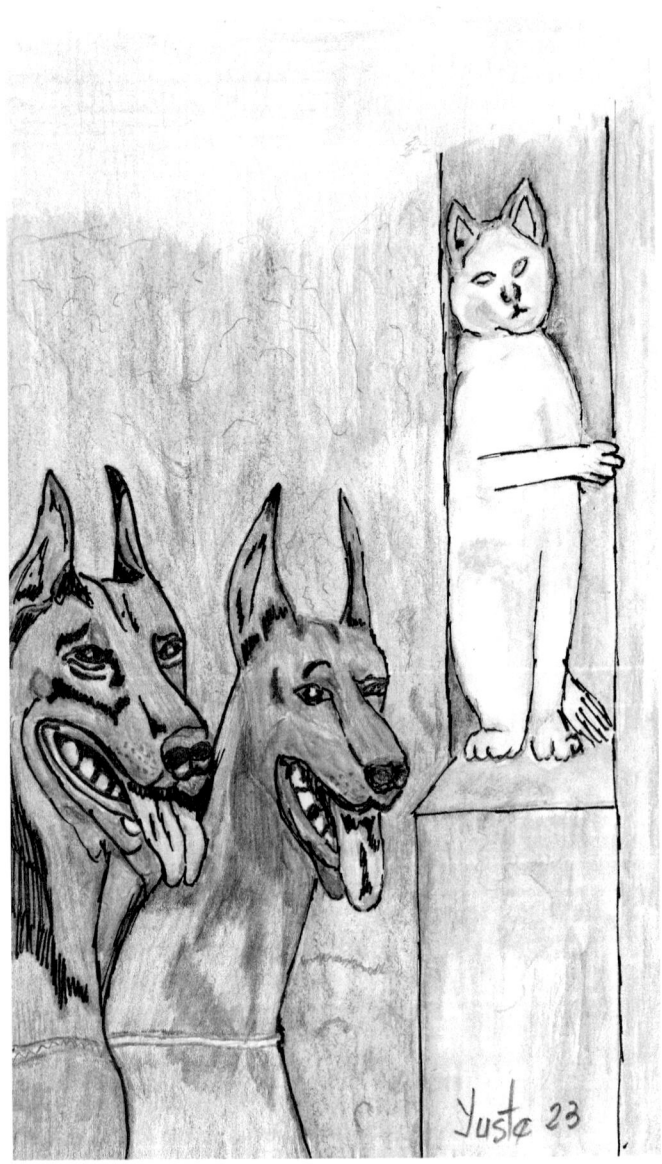

Siendo un animal doméstico
eres tigre en miniatura,
sabes ser un seductor,
por la noche desertor,
inteligente criatura.
Si tu enemigo es más fuerte
algún ardid has de hacer,
y nunca enfrentarte a ellos,
se te tirarán al cuello
y llevas las de perder.
Si su poderío hacen valer
los perros para ganar,
siempre podrás ejercer
tu astucia para vencer,
o en todo caso escapar.

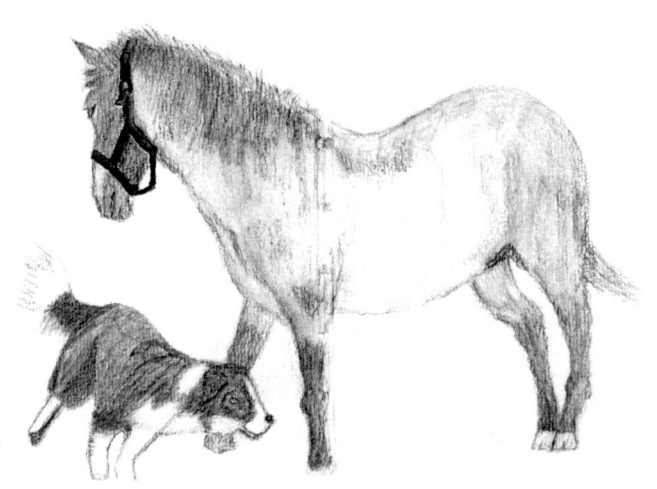

Recuerdo el caballo tordo
en el campo de mi abuela,
mi imaginación volaba,
cuando a veces lo montaba
como héroe de novela.
Rescato las emociones
vividas desde pequeño,
disfrutando al recordar
a mi buen perro jugar,
y viviéndolo en mis sueños.

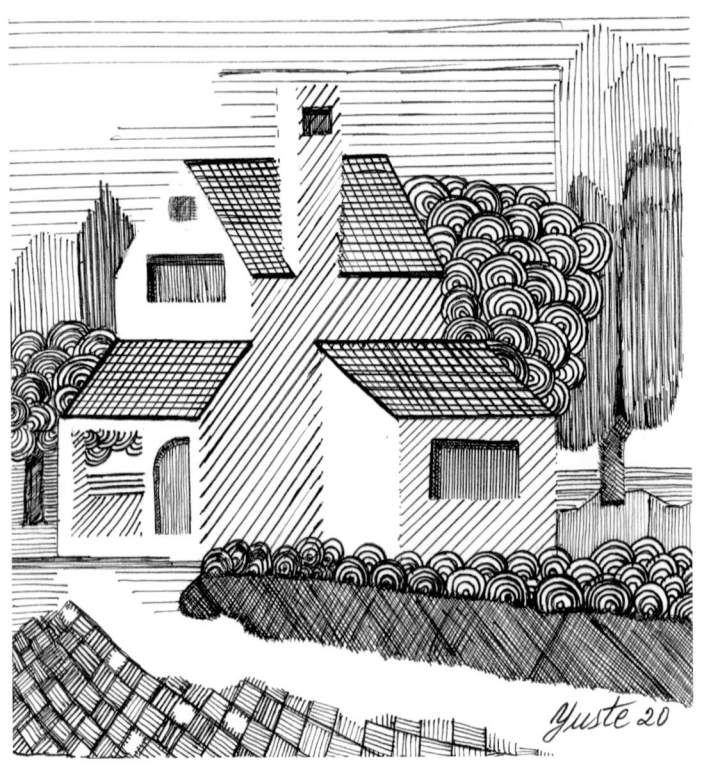

Calles vivas de la ciudad
donde el tiempo se escurre entre edificios,
en su caos hay belleza escondida,
en cada rincón y en cada avenida,
en la soledad y en el bullicio.

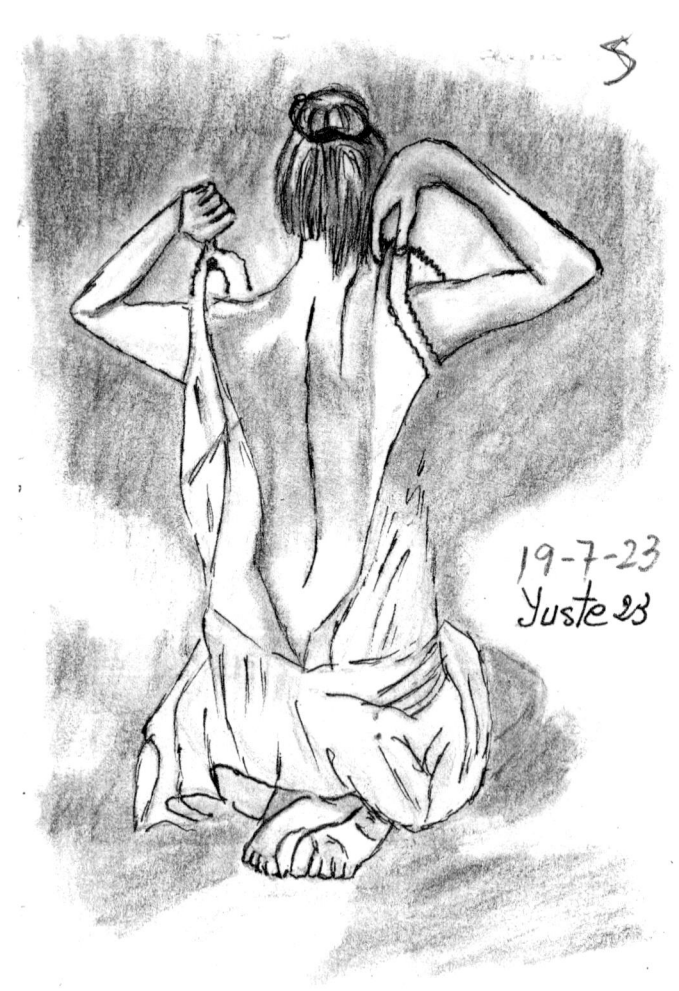

19-7-23
Yuste 23

Mujer, reina de la creación,
en tu belleza encuentro mi perdición,
en cada mirada y en cada expresión,
para mi poema eres la inspiración.

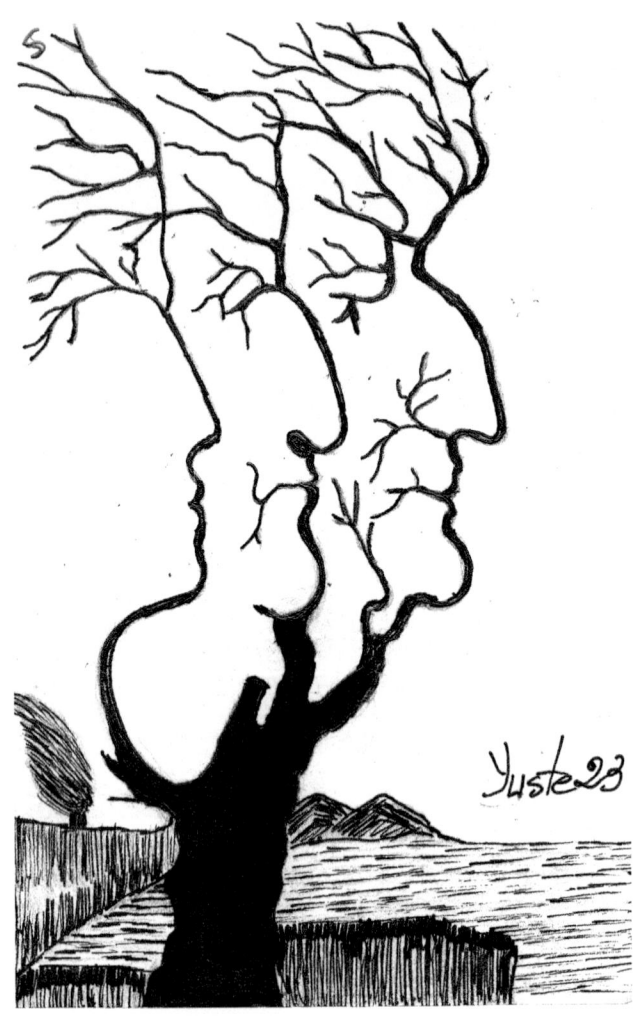

En el árbol de la vida
tres generaciones florecen,
raíces firmes, troncos altos,
y ramas que se estremecen.
Los abuelos, guardianes del ayer,
tejiendo juntos la memoria,
unidos todos en la historia,
con su experiencia nos hacen crecer.

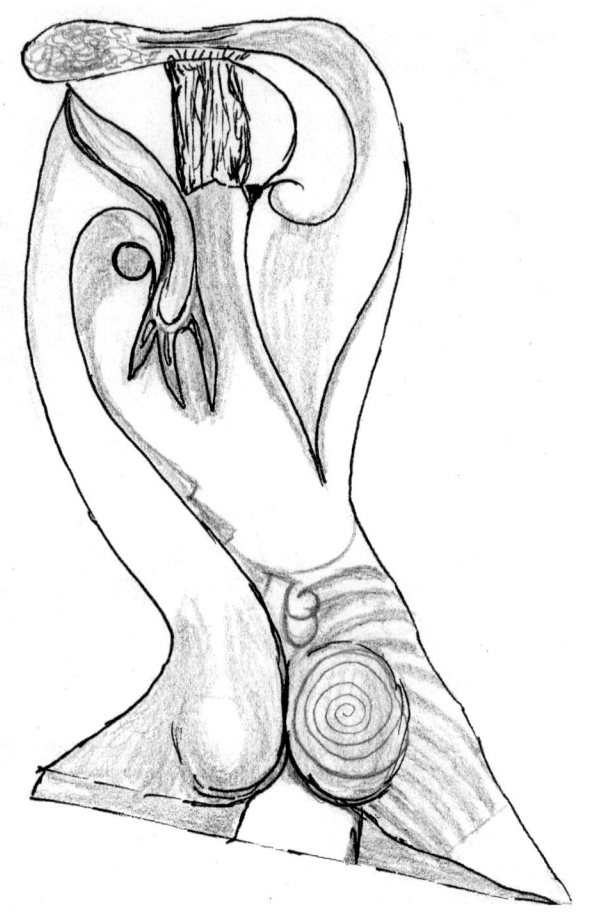

Es nuestra amiga Juliana,
aunque aquí no lo parezca,
ella puede ser abstracta,
o ser lo que le apetezca.
Si tienes sed, ella es agua,
si estás triste, ella alegría,
es un compendio de todo,
y le sobra simpatía.

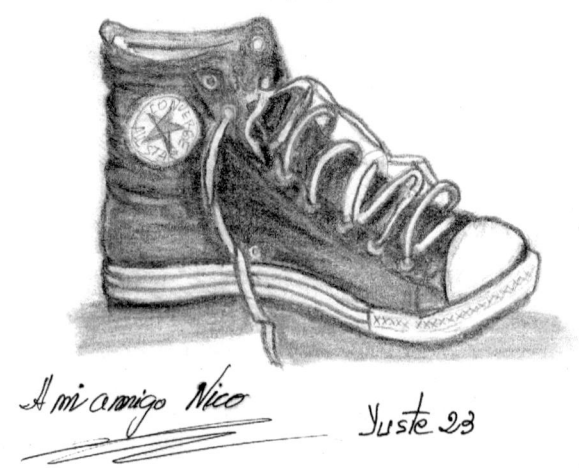

A mi amigo Nico

Yuste 23

Zapatilla, cómplice de mis pasos,
aliada en cada desafío,
como mi fiel escudero en ti confío,
en cada giro, en cada vuelta, en cada salto.
Querida zapatilla, siempre fiel,
en la pista, en el campo, y la montaña,
en mi lucha tú siempre me acompañas,
te has ganado una corona de laurel.

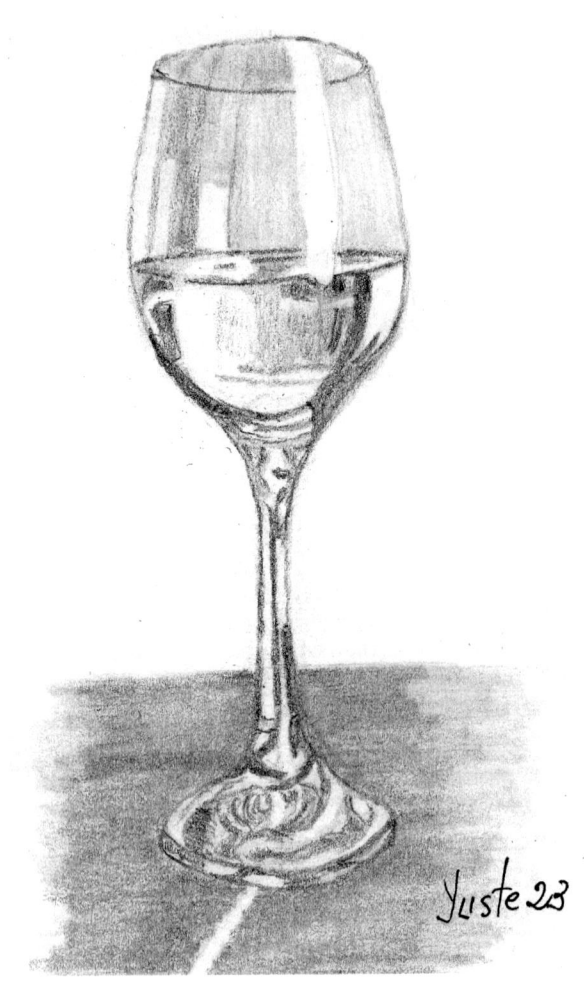

Yuste 23

Brindemos por el camino
que queda por recorrer,
por las metas alcanzadas
durante cada jornada,
y las que están por nacer.
En la vasta tela de la vida
donde los hilos se cruzan y tejen,
la amistad es el nudo que une,
de la cual todo el mundo presume,
y con una copa siempre se festeje.

Continuará…